K8035495

나는 한의원에서
인생의 모든 것을 배웠다

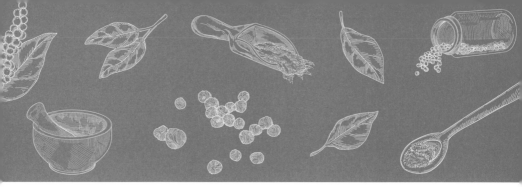

순자산 마이너스 6,000만 원에서 시작해
직원 수 25인의 한의원을 만들기까지

나는 한의원에서 인생의 모든 것을 배웠다

전대성 지음

매일경제신문사

이 책을 통해 한의원에서 경영을 배웠던 이야기를 쓰고 싶었다. 초보 한의사가 한의원을 운영하면서 좌충우돌 겪었던 이야기가 미래에 창업이나 경영을 준비하는 누군가에게 도움이 되고 희망이 될 수 있으리라고 생각했다.

나는 10년 전, 멋모르고 처음 개원했다. 한의원을 개원하면 다 잘될 줄 알았지만, 개원 후 얼마 되지 않아 내가 온실 속의 화초였음을 뼈저리게 느꼈다. 부원장으로 있는 것과 개원의로 자신의 한의원을 운영하는 현실은 너무나도 달랐다. 개원해본 후에야 비로소 개원이란 것이 얼마나 힘든 일인지 알게 되었다. 바닥부터 시작하면서, 좌충우돌 깨져가면서 나는 한의원 경영을 배우게 되었다.

때로는 환자가 줄기도 했고, 주변에 새로운 한의원이 개원하기도 했다. 한의원 뒤편으로 재개발이 진행되면서 근처 사시는 분들이 모두 이주하는 일도 있었다. 여러 가지 시행착오를 거치면서 거의 망하기 직전까지 간 적도 있었다. 코로나 위기를 겪으며 환자 수가 반토막이 나기도 하면서 존폐의 기로에 서기도 했다.

그 과정에서 나는 경영에 대한 많은 것들을 깨달았다. 진료에도 '맛집'이 있다. 잘되는 식당이 맛만 있어서 잘되는 것이 아니듯이, 한의원 또한 여러 가지 요소를 고루 갖추어야 성공할 수 있음을 깨달았다. 그리고 내가 배우고 익힌 경영의 원칙들을 한의원에 적용해보면서 실제로 그것이 효과가 있음을 확인했다. 경영의 원칙은 어느 분야를 막론하고 동일하게 적용되었다.

한의원이라는 공간을 통해 나는 경영을 배웠다. 책을 읽으면서 생각의 씨앗을 키웠다. 더불어 잘되는 한의원을 찾아가서는 실무적인 조언을 얻었다. 그리고 근본적으로 나의 부정적인 생각부터 바꾸려고 노력했다. 또한 다양한 분야의 사람들을 만나고 배웠다.

여러 가지 시행착오를 겪으면서 성장한 결과, 처음 2명에서 시작했던 직원은 지금 25명으로 늘었으며, 혼자 진료했던 한의원은 4인의 의료진을 갖춘 한의원으로 확장할 수 있었다. 매출 규모도 처음과 비교해 6배 이상 상승했다.

처음 2명의 직원으로 시작했을 때를 생각하면 참으로 주먹구구식이었다는 생각이 든다. 부끄러울 정도로 경영에 대한 지식이 부족했다. 학교에서는 결코 한의원의 경영에 대해서는 가르쳐주지 않는다. 학교 공부만 하다가 개원한 선후배들이 임상이란 현실에 부닥치면서 힘들어 하는 것을 참 많이 본다. 경영이라는 부분은 임상과 별개다. 제대로 된 경영을 하기 위해서는 이론과 지식뿐만 아니라 경험이 쌓여야 한다고 생각한다.

물론 지금도 나의 한의원보다 훨씬 잘되는 한의원들도 많고, 경영적 능력이 뛰어난 사람들이 많다. 한방병원들도 늘고 있다. 경영에 대해 거창하게 이야기하기에는 스스로 너무나도 부족한 점이 많음을 잘 안다. 하지만 가진 거라고는 빚 6,000만 원밖에 없었던 내가 바닥부터 시작해서 지금의 한의원으로 성장시킨 이야기가 지금 경영적인 부분에서 힘들어하고 절망을 느끼고 있는 누군가에게 힘이 되고 도움이 될 수 있으리라고 생각한다. 생각이 바뀌면 말이 바뀌고, 말이 바뀌면 행동이 바뀐다. 행동이 바뀌면 결과가 바뀌고, 결과가 바뀌면 인생이 바뀐다. 이 책이 여러분의 작은 생각의 씨앗이 되었으면 좋겠다.

이 책을 준비하는 과정에서 많은 일들이 있었다. 핵심 직원이 바뀌고, 진료 원장님이 바뀌는 일도 있었다. 직원 관리는 역시 쉽지 않다는 것을 다시 한번 느끼기도 했다. 나의 부족함을 절실히 느끼기도 했다.

하지만 이전과 다른 많은 경험을 통해 더 단단해졌고, 어떤 위기 상황이 오더라도 잘 대처할 수 있으리라고 확신한다. 여전히 나의 개원 스토리는 현재도 진행형이라고 할 수 있겠다.

이 책에 나의 개원 스토리와 경험, 그리고 한의원 진료와 운영을 통해 얻었던 경영의 원칙과 생각들에 대한 모든 것을 담았다. 이 책을 읽고 많은 사람들이 영감을 얻고 동기부여를 받으며, 나아가서 한의계에도 조금이나마 도움이 된다면 그보다 더한 뿌듯함은 없겠다. 또한 한의원이라는 곳이 막연하고 어렵기만 한 사람들이 이 책을 통해 한의원을 한층 쉽고 편한 곳으로 인식할 수 있는 계기가 되었으면 좋겠다.

끝으로 책을 쓰는 동안 묵묵히 기다려주고, 항상 남편의 뜻을 지지해주는 아내 주영에게 더없는 사랑과 감사의 마음을 전한다. 나를 항상 지지해주시는 부모님과 장인어른, 장모님, 나의 가족과 친구들, 나의 분신인 현우, 현승, 현욱에게도.

전대성

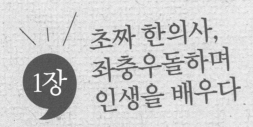

2장 나는 한의원으로 평생의 내 꿈을 찾았다

3장 동네 구멍가게 한의원에서 대규모 한의원으로 키우다

4장 한의원에서 배운 7가지 경영 원칙

5장 나는 한의원에서 인생의 모든 것을 배웠다

초짜 한의사,
좌충우돌하며
인생을 배우다

1장

2년만 일해줄래요?

나는 지금 부산에서 4인의 의료진, 25명의 직원이 근무하는 한의원을 운영 중이다. 한의사 면허를 취득한 지 14년, 개원한 지 10년이 지났다. 10년이면 강산도 변한다고 한다. 내 나이 이제 40세다. 우리나라의 평균수명이 80세라고 볼 때 인생의 절반을 산 셈이다. 아직 인생에 대해서 다 알지는 못하지만, 한의원을 하면서 많은 인생의 일들을 부딪쳐가며 배우고 있다. 지금도 현재진행형인, 한의원을 통해 좌충우돌 인생을 배우고 있는 나의 이야기를 독자 여러분께 들려드리려고 한다.

의사들에게는 '공중보건의사'라는 제도가 있다. 무의촌(의사나 의료 시설이 없는 의료 취약 지역)이나 의료 벽지에서 근무하면 병역 의무를 인정해주는 제도다. 나도 2008년 한의대를 졸업하면서 공중보건의로 발령받게 되었다. 원래는 시험을 쳤는데 내가 졸업한 해부터는 이른바 '뺑뺑이'로 발령지가 정해졌다. 내가 발령받은 곳은 통영에 있는 사량도였다. 당시 경남의 공중보건의 티오(TO)가 36개였는데, 내가 뽑은 번호는 뒤에서 세 번째였다. 나보다 뒷번호가 갈 곳은 또 다른 벽지 섬인 욕지도와 당시 보건소장님이 깐깐하기로 유명했던 진주뿐이었다. 이름도 처음 들어보는 섬에 들어가면서 한편으로는 탄식이 나오기도 하고, 한편으로는 앞으로 어떤 일이 벌어질까 하는 기대가 되기도 했다.

1년간의 섬 생활은 지금은 아련한 추억으로 남아 있다. 진료를 마치고 해질녘쯤 사량도의 옥녀봉에 올라가면 남해의 전경이 한눈에 들어왔다. 바다 위로 노을이 지던 아름다운 섬의 모습이 아직도 뇌리에 남아 있다.

섬에서 근무하면서 다양한 일들도 겪었다. 당시 사량도에는 병원이나 의원이 없었고, 섬에서 유일한 의료기관이 바로 우리 보건지소였다. 밤낚시를 하다가 트라이포트에서 떨어져 머리가 깨져 보건지소에 오는 분도 있었다. 하루는 도의원이 마을회관에서 연설을 하다가 갑자기 중풍으로 쓰러지기도 했다. 폭풍우가 치던 날이어서 그분을 태운 통통배를 타고 통영 시내의 큰 병원으로 나가야 했다. 중풍 치료에 특효 혈인 십선(十宣) 혈에 침을 놓고 팔다리를 주무르며 가슴 졸였던 그때가 생각난다. 중풍의 골든타임은 24시간 이내다. 다행히 빠르게 조치한 덕분에 환자는 빨리 회복할 수 있었다. 그 도의원이 완치 후에 찾아와서 그때 정말 고마웠다고 손을 꼭 잡아주었던 기억이 난다.

섬에서는 흑염소들이 지천으로 뛰어다녔다. 뒷산에는 멧돼지들이 출몰했다. 당시 마을에 큰 잔치가 있는 날이면 멧돼지를 잡아먹기도 했다. 저녁에는 밤낚시를 하러 방파제에 나가기도 했고, 밤하늘을 바라보며 기타 연주로 시간을 보내기도 했다. 그때는 하릴없이 남아도는 것이 시간이었다. 특히, 주말이 되어 집으로 가는 게 유일한 낙이었는데, 그나마도 태풍이나 비바람이 칠 때는 배가 끊기기도 했다. 휘몰아치는 파도를 바라보며 섬에 있다 보면 '아, 조선시대 때 유배되었던 선비들의 마음이 이랬겠구나!' 하는 생각이 들기도 했다.

섬에서 1년간의 복무 기간을 마친 후, 육지의 한 요양병원으로 발령받았다. 요양병원의 공중보건의는 일반 보건지소에 비하면 월급이 훨씬 많다. 섬에서 고생한 대가를 누리는 것 같았다. 섬에 있다가 육지로 나오니, 마치 날개를 단 듯 자유를 얻은 느낌이었다. 섬에서 하지 못했던 운동도 하고, 사람도 만나고 싶었다. 마침 요양병원 근처에 허름한 골프 연습장이 있었다. 나는 시간이 날 때마다 연습장으로 달려가 골프 연습을 했다. 또는 도서관에 가서 책을 빌려 보기도 했다. 요양병원에는 중풍 환자나 암 말기 환자들이 많았다. 거동이 불편한 분이 많으신 만큼 외래진료보다는 회진 위주였다. 그래서 회진이 있는 오전과 오후 시간을 제외하고는 보통 시간적 여유가 있었다. 나는 그 시간 동안 무료함을 달래기 위해 주식 투자를 시작했다. 처음에는 좋았다. 초심자의 행운이라고 했던가. 주식 투자를 시작하고 나서 계속해서 돈을 벌었다. 당시 20대였던 나는 가장 빠르게 경제적 자유를 달성하는 방법이 주식이라고 믿었다. 처음에는 500만 원으로 시작했는데, 점점 간이 커져서 나중에는 마이너스 통장까지 끌어다 썼다. 그것도 부족해서 신용과 담보 대출까지 당겨 쓰는 지경에 이르렀다. 국내 우량주라고 믿었던 주식을 매수하고 나서 점심 때 골프 연습장에 1시간 다녀왔더니 주가가 −5% 이상 빠져 있었다. 나는 멘붕에 빠졌다. 신용 대출까지 써서 2억 원가량 되는 돈을 투자했기 때문이다. 그 주식은 반대 매매를 당하게 되었고, 나는 큰 손실을 보게 되었다. 그럼에도 불구하고 나는 주식 투자를 그만두기는커녕, 손실을 만회한답시고 더욱 무리한 투자를 하게 되었다. 이른바 테마주, 잡주에 투자하게 된 것이다. 빨리 돈을 벌고 싶다는 내 욕심은 잘못된 투자 습관으로 이어졌다.

그 와중에 나는 결혼을 하게 되었다. 아내에게는 주식 투자 사실을 숨겼다. 일주일 동안 꿈 같은 신혼여행을 다녀오니, 그 테마주는 반토막이 나 있었다. 나는 주식 담당자에게 전화했다.

"담당자님, 기업의 실적은 더 좋아졌는데 왜 주가는 내려갔나요?"

"저희도 왜 그런지 잘 모르겠습니다. 꽃피는 봄이 오면 주가도 살아나겠지요."

담당자의 하릴없는 답변만 돌아왔다. 나는 알지 못했다. 일개 개미는 결코 시장의 흐름을 이길 수 없다는 것을 말이다. 내 가슴은 타들어 갔다. 돈 욕심도 많고, 한푼도 허투루 쓰지 않는 나였다. 그런 만큼 주식 창에 찍혀 있는 '−50%'라는 글자를 보니 미쳐버릴 것 같았다. 그것도 모두 내가 번 돈이 아니라 다 마이너스 통장을 만들어서 투자한 돈이었다. 아내에게 말도 못하고 혼자서 끙끙 가슴앓이를 했다. 그러다 뒤늦게 아내에게 고백했다. 아내는 충격으로 '내가 사기 결혼을 당했지'라는 표정을 지으며 침울해했다. 그러면서도 "함께 이겨내면 되지. 나도 돈 벌잖아"라고 위로해주었다. 그때 나는 독한 마음을 먹고, 어떻게 해서든 빚을 갚아나가야겠다고 생각했다.

공중보건의를 마칠 때쯤 취직을 준비했다. 결혼한 지 3개월밖에 안 되는 상황이었다. 나는 한푼이라도 더 벌어야 한다는 생각밖에 없었다. 당시 내가 부원장으로 지원한 한의원은 급여가 주변보다는 약 50만 원이 많았다. 다른 선택의 여지가 없었다. 나는 꼭 이 한의원에 합격하고 싶었다. 면접을 볼 때 원장님께서는 이렇게 말씀하셨다.

"2년간만 일해줄래요?"

내 인상이 참 좋다고 하시면서, 자신의 한의원에서 오랫동안 함께 일해주면 참 좋겠다고 말씀하셨다. 나는 망설임 없이 "예"라고 대답했다. 당시에는 이 한의원을 불과 10개월 만에 그만두고 나오게 될 줄은 몰랐다. 당시 나는 빨리 개원하고 싶다는 마음이 컸고, 개원하면 무조건 잘될 줄 알았다. 지금 생각해보면 대표 원장님께 참 죄송한 마음이다. 개원해보니 개원이라는 게 얼마나 힘든 일인지 절실히 깨닫고 있기 때문이다.

당시 내가 부원장으로 일했던 한의원은 부산에서 내로라하는 규모의 한의원이었다. 부원장들이 5명이나 있었고, 환자 수도 엄청나게 많았다. 나는 이 한의원에서 진료 경험을 쌓고 싶었다.

첫 근무일부터 밀려오는 환자를 진료했다. 주로 통증 환자들이 많았다. 한의원이 바다 근처에 위치해 힘든 뱃일로 인한 질환으로 오시는 환자분들이 많았다. 협착증, 디스크, 척추전방전위증, 흉곽출구증후군, 회전근개파열 등 환자들은 수없이 많은 병명을 달고 왔다. 하지만 환자들은 "어깨가 아파요", "허리가 아파요"라고 표현할 뿐이었다. 그 병명을 진단해내는 것은 의사의 몫이었다. 환자들은 나를 믿고, 모든 것을 맡겼다. 생각해보면 아무것도 모르는 초짜 한의사를 믿고 몸을 맡겨준 환자분들에게 얼마나 감사한지 모르겠다. 임상 경험이 일천한 만큼 나는 매일 배우는 자세로 임했다. 해부학 책을 펴놓고 혈 자리를 하나하나 짚어가며 환자들을 치료했다. 내가 치료했던 환자들의 질환은 꼭 그날 복습하면서 공부해나갔다.

그렇게 열심히 진료하다 보니 점점 내 환자가 늘어났다. 다른 과에서 내 과로 전과해오는 환자들도 많아졌다. '전대성 원장이 진료를 잘한다'는 소문을 듣고 멀리서 찾아오는 환자들도 있었다. 나는 당시 2과를 맡고 있었는데, 입사 시 평균 40명대였던 환자들이 나중에는 70명대까지 늘어났다.

단돈 1,000만 원으로
시작한 첫 한의원

 부원장으로 근무하면서, 계속 개원에 대한 갈급함은 있었다. 원장님께는 2년 있겠다고 이야기했지만, 개원에 대한 욕심 때문에 계속 인터넷으로 한의사 카페의 병원 양도 글을 뒤져보곤 했다. 그중 괜찮은 매물이 나오면 직접 방문해서 살펴보기도 했다.

 당시 나에게는 잘못된 주식 투자로 인한 빚이 있었다. 주식 투자로 빚졌을 때의 고통은 말로 형용할 수 없다. 지금도 나는 투자 실패로 큰 빚을 진 사람을 보면 그 심정을 백번 이해한다. 당시 막 태어난 아이를 보면서 눈물지으며 죽고 싶다는 생각을 한 것이 한두 번이 아니다. 당시 6,000만 원의 빚이 있었는데, 이는 부원장 생활을 하면서 한 달에 100만 원씩 갚아나가도 무려 5년 이상의 세월이 걸리는 빚이었다. 그때 만약 누군가 나에게 소원이 무엇이냐고 물었다면 "빚 없이 사는 것입니다"라고 단번에 말할 수 있을 정도로 나는 마음이 다급했다.

하지만 원장님과의 약속 때문에 쉽게 그만둔다는 말이 나오지 않았다. 그러다 좋은 한의원 양도 매물을 발견하게 되었다. 나는 친한 동기에게 내가 근무하기로 한 2년이 채워지는 날까지 그 한의원을 1년만 맡아서 해보고, 나에게 양도하면 어떻겠냐고 제안해보기도 했다. 하지만 친구는 그러다 망하면 어쩌냐며 쉽사리 결정을 내리지 못했다.

그러던 어느 날, 처가 근처의 한 한의원이 양도 매물로 나온 것을 보았다. 이미 양도 불발로, 두 번 정도 재업(다시 매물이 올라오는 것)된 한의원이었다. 개원한 지 2년이 지났는데, 평균 환자 수가 10명 내외였다. 결국 경영난에 시달리다 매물로 내놓은 것이었다. 내가 이 한의원에 가장 크게 느꼈던 매력은 1,000만 원에 불과한 양도금이었다. 당시 내 수중에는 빚 6,000만 원, 그리고 마이너스 통장으로 끌어 쓸 수 있는 3,000만 원이 전부였다. 일반적인 한의원을 양수하는 데는 최소한 1억 원 이상의 비용이 소요된다. 신규 개원에 비해 양수 개원은 비용이 더 저렴하고, 특히 이렇게 경영난으로 인해 매물로 나오는 한의원은 집기류와 인테리어 비용에도 못 미치는 양도금을 내걸기도 한다. 그런 만큼 나에게는 좋은 기회였다. 내가 이번에 인수하지 않으면 금세 다른 사람에게 양도될 것 같았다.

"어머니, 아버지, 이번에 한의원을 꼭 한번 개원해보고 싶습니다."

나는 부모님께 이렇게 말씀드렸다. 부모님은 지금 잘 다니고 있는 한의원을 왜 그만두고 굳이 모험을 하려 드냐며 말리셨다. 혹시라도 실패했을 때 내가 좌절하게 될까 봐 걱정하는 마음 때문이었을 것이다. 평생 공무원과 주부로 살아오신 부모님은 아들이 좋은 직장을 그만두고 모험을 한다는 게 내키지 않으셨을 것이다. 아내에게도 "내가 당신 꼭 사모님 소리 듣게 해줄게"라며 적극적으로 설득했다. 다행히 아내는 흔쾌히 "오빠 생각대로 한번 해봐"라며 나를 믿어주었다. 나는 양수금이 불과 1,000만 원인 만큼 망해도 다시 일어설 수 있다고 생각했다.

당시 내게는 가족이 있었다. 결혼하고 1년도 채 되지 않은 때였다. 가장으로서 나는 빨리 성공해야 한다는 책임감이 있었다. 어떻게든 결코 망해서는 안 된다는 생각뿐이었던 것 같다. 부원장으로 근무하던 한의원에서 일한 지 딱 10개월 되는 달이었다. 들어갈 때 2년간 일하기로 이야기했던 한의원이었는데 10개월 만에 그만두게 되었다. 원장님께는 죄송했지만 그만큼 나는 절실하게 개원하고 싶었다. 그렇게 나는 내 첫 번째 한의원을 시작하게 되었다.

부원장을 그만두고 불과 3일 동안 나는 개원을 준비했다. 지금 생각하면 시간을 좀 더 여유 있게 잡고 개원했으면 좋았을 텐데 싶다. 시간은 지나가면 되돌릴 수 없다. 개원하면 바빠서 하지 못할 여행을 하거나 가족과 시간을 보냈다면 좋았을 것이다. 하지만 당시 나는 하루라도 쉬면, 그만큼 내가 진 빚을 갚아나가는 시간이 늦어진다고 생각했다. 하루라도 빨리 개원 준비를 마치고 싶었다. 그래서 모든 걸 속전속결로 처리했다.

사업자등록을 내느라 세무서를 방문하고, 은행을 방문해서 사업자 계좌를 만들었다. 건강보험심사평가원에 차트 프로그램을 등록하고, 전기와 인터넷 등을 연결했다. 보건소를 방문해 의료기관 개설 필증을 발급받고, 건강보험공단, 자동차 보험회사에 한의원 기관번호를 등록했다. 이외에도 눈코 뜰 새 없이 바쁘게 모든 개원 절차를 해냈다. 이 모든 게 개원 당일 하루 만에 처리한 일이다. 그날은 내 인생에서 가장 바쁜 하루였다고 해도 과언이 아니다.

부원장으로 있을 때는 개원에 이렇게 많은 절차가 필요한지 몰랐다. 진료만 할 때는 내가 벌어주는 데 비해 월급이 적다고 항상 불평불만이었다. 새삼 개원의가 존경스러워졌다. 부원장은 단지 진료에만 집중하면 되지만, 개원의는 한 직장의 오너로서 모든 것을 책임지는 책임자였다. 도와주는 사람도 없었다. 모든 것을 스스로 해야 했다. 그렇게 나는 첫 개원을 했다.

당시 내가 양수한 한의원은 보증금 1,300만 원에 월세 132만 원의 한의원이었다. 한적한 시장의 외곽에 위치해 유심히 보지 않으면 간판을 놓치기 일쑤였다. 오래된 건물로, 1층에는 문방구가 있고 3층에는 교회가 있었다. 아주 나쁜 자리는 아니었지만, 그렇다고 좋은 자리도 아니었다.

내게 한의원을 양도하신 원장님은 원래 신규로 이곳에서 개원했지만, 불과 2년 만에 경영난으로 한의원을 접었다. 멀리 타지에서 출퇴근하는 게 힘들기도 했겠지만, 한의원이 잘되지 않는 괴로움이 더 컸을 것이다. 경영난으로 인한 괴로움은 겪어본 사람만 안다. 오지 않는 환자를 기다리며 한의원에 우두커니 앉아 있는 마음은 정말 지옥보다 괴롭다.

나는 한의원을 싸게 잘 양수했다고 생각했다. 엘리베이터가 없어 계단으로 오르내려야 하는 한의원이었지만, 주변에 작은 아파트 단지를 2개 끼고 있었다. 열심히 하면 충분히 더 환자를 끌어올 수 있을 거라고 여겼다. 부원장으로 근무할 때는 아무리 열심히 일해도 받을 수 있는 월급에는 한계가 있었다. 그런데 이제 개원했으니 내가 열심히 하는 만큼 급여를 가져갈 수 있을 거라고 믿었다. '아무리 못해도 부원장 때 받는 월급보다는 많겠지'라고 생각했다.

당시는 첫째 아이가 이제 막 돌이 지난 세 살배기였다. 아내가 육아휴직을 내고 아이를 키우고 있을 때였다. 부산 대연동의 오래된 아파트에서 전세금 1억 원에 살고 있었는데, 그때부터 한의원이 있는 동래로 매일 오래된 쌴타모를 끌고 출퇴근하게 되었다. 아내도 아이를 어머니께 맡기고 수시로 한의원에 출근해서 일을 도와주었다. '해맑은한의원'이라는 이름처럼 병아리색 노란 땡땡이 간호복을 입고 출근했던 아내에게 지금도 참 감사한 마음이다. 그때는 집사람도 나도 젊고, 어렸기 때문에 모든 일에 열정이 넘쳤다.

처음 구인을 할 때, 불과 115만 원, 120만 원의 월급으로 2명의 간호사를 구했다. 급여는 적고 일은 지독하게 많았다. 특히 왕뜸의 재를 버리는 작업은 손이 많이 갔다. 간호사들은 오래 버티지 못했다. 간호사들이 그만두면 또 어김없이 아내가 출동했다. 심지어는 간호사 둘 다 그만둔 때도 있었다. 그때는 어머니까지 오셔서 일을 도와주었다. 정말 정신없이 매일매일 바쁜 하루를 보냈다.

단돈 1,000만 원에 인수한 한의원. 개원 전에는 너무나도 쉬워 보였던 일들을 현실에서 부닥치고, 겪으면서 그제야 개원이라는 게 얼마나 힘든 것인지 절실히 느꼈다. 선배들이 늘 "부원장으로 있을 때가 편한 거야"라고 했던 말을 그제야 실감했다. 그런 말을 들을 때는 '자신들은 여유가 있으면서 괜히 후배들에게 그렇게 말한다'고 생각했는데…. 지금은 그 마음을 충분히 이해한다. 10년 차 개원의로 있는 지금도 가끔 부원장이었을 때, 공중보건의였을 때가 그리울 때가 있다. 경제적 사정 면에서는 그때보다 지금이 나을 수 있다. 하지만 그때는 오로지 진료에만 신경 쓰면 되었다. 개원의가 된다는 것은 그야말로 오너로서 무한 책임을 진다는 것을 의미한다고 보면 된다.

개원하기 전에는
몰랐던 것들

"무식하면 용감하다"라고 했다. 막상 개원은 했으나 나는 아무런 준비가 되지 않은 상태였다. 어찌 생각하면 그런 무모함이 있었기 때문에 불과 30세의 나이로 개원할 수 있었는지도 모른다. 하지만 개원은 내 생각보다 쉽지 않았다. 대형 한의원에서 부원장으로 일할 때는 오로지 진료만 하면 되었지만, 개원하고 나니, 한의원에서 벌어지는 모든 일은 원장의 손길을 거쳐야만 했다. 내가 부원장으로 있었기에 몰랐던 일이었을 뿐이다.

개원 당일은 종일 뛰어다녔다. 하루라도 쉬는 게 아까웠던 내게 여유 따위는 없었다. 금요일에 이전 한의원을 그만두고, 주말에 쉰 후에 다음 주 월요일부터 바로 진료를 시작했다. 하지만 준비되지 않은 개원이 순탄하기만 할 리 없었다. 첫날에는 전산조차도 생소했다. 치료 내역을 입력하고 청구하는 차트 프로그램조차 낯설었다. 어떻게 조작해야 하는지도 익숙하지 않았다. 그런 와중에도 환자분들이 찾아오기 시작했다

"원장님, 여기 한약 한 제 지어주소."

"원장님, 내가 허리가 아픈데 온 전신에 침 좀 놔주소."

새로 생긴 한의원이 궁금했나 보다. 개원 첫날 17명이었던 환자는 다음 날 20명, 그다음 날 25명 정도로 계속해서 늘었다. 나는 환자들을 상대하면서 땀을 뻘뻘 흘렸다.

"아이고, 여기 아프셨구나. 알겠습니다. 여기도 놔드릴게요."

부원장으로 있을 때는 침만 놔주면 나머지는 직원들이 알아서 다 해줬다. 접수, 응대, 물리치료, 수납까지 모두 다 말이다. 하지만 여기서는 모든 걸 혼자 해야 했다. 나의 의사 경력은 불과 4년이지만, 환자들은 환자 경력만 40년이었다. 같은 질병을 오랫동안 앓아온 환자들은 반의사였다. "내가 어느 대학병원에 찾아가서 어느 교수님에게 치료를 받았는데…"부터 시작해서 환자들의 투병 스토리는 끝이 없었다. 책에 있는 지식이라면 나도 누구보다도 잘 알았다. 학교 공부도 나름대로 열심히 했고, 강의도 열심히 다니면서 더 많은 공부를 하기 위해 노력했다. 하지만 막상 환자들에게 어려운 질문 공세를 받았을 때는 어떻게 대답해야 할지 곤란할 때가 많았다.

"원장님, 내가 30년 동안 얼굴이 떨렸는데 침으로 낫겠는교?"

"30년 전부터 떨렸다고예? 우짜다가 그런 일이 있었습니까?"

"아이고, 내가 마, 그때 교통사고 나갖고 크게 다쳤다 아이가. 그라고 나서 가만 놔뒀더만 이래 됐다 아이가."

환자들이 궁금한 것은 침으로 자신의 증상이 낫느냐 아니냐가 아니었다. 수십 년 된 질환이 어찌 서른 살짜리 한의사의 침 한 방에 낫겠는가! 그 사실은 환자가 오히려 더 잘 알고 있다. 하지만 환자들은 그래도 나을 수 있다는 '희망'을 가지고 한의원을 찾는다. 환자가 원하는 것은 'Yes or No'가 아니라 공감과 위로다. "힘들지만 한번 해보겠습니다. 좋아지실 수 있도록 최선을 다해 도와드리겠습니다"라는 이 한마디를 듣기 위해서 환자들은 의사를 찾는다. 치료가 안 되는 질환은 안 된다고 이야기하는 게 의사의 본분이겠지만, 시도조차 해보지 않고 환자들의 희망의 싹을 잘라버리면 안 된다. 환자는 시혜의 대상이 아니다. 함께 폭풍우를 이겨내는, 같은 배를 탄 사람으로서의 마음을 가져야 한다. 그렇게 환자들의 이야기를 들어주고 공감해주면서 어떻게 해결하면 좋을지 매일같이 방법을 찾다 보니 저절로 공부가 되었다. 그렇게 하는 공부는 책에서만 보던 죽은 공부가 아니라 살아 있는 공부였다. 그렇게 환자를 통해 나는 더 배우고 성장해나갔다.

첫날부터 한약 주문이 들어왔다. 부원장으로 일할 때는 처방전을 주면 탕제실에서 알아서 약재를 담고 달였다. 하지만 개원하고 나서는 이조차도 원장이 모두 알아서 해야 했다. 처음 주문받은 한약의 처방전을 들고 약탕기 앞에서 어쩔 줄 몰라 하던 내 모습이 생각난다. 혹시라도 비싼 약을 잘못 달일까 봐 약탕기를 감히 만지지도 못했다. 약을 보자기에 담고 싸고 달이는 일이 그렇게 힘든 일인 줄 몰랐다.

부원장으로 있을 때는 완벽히 돌아가는 시스템 속에서, 나는 그저 시스템의 일원으로서 제 역할만 잘하면 되었다. 하지만 개원하고 나서는 모든 일에 슈퍼맨이 되어야 했다. 어떤 날은 약을 달였는데 45포가 나와야 하는 약이 다 타버리고 10포도 안 나온 적도 있었다. 어떤 날은 약탕기의 한약이 줄줄 끓어 넘쳐 다 버리게 된 적도 있다. 아깝지만 어쩌겠는가! 약을 다 버리고 처음부터 지어드리는 수밖에 없었다.

하루는 한약을 받은 환자에게서 전화가 왔다.

"원장님, 한약을 받았는데 제 이름이 아니라 다른 사람 이름이 붙어 있는데요. 이게 우째 된 일이지요?"

아뿔싸! 새로 온 직원이 택배를 보낼 때 한약 박스에 다른 사람의 택배 전표를 바꿔서 붙인 것이다. 나는 진심으로 사죄했다.

"정말 죄송합니다. 저희가 택배를 잘못 보낸 것 같습니다."

"아니, 그래도 그렇지, 어떻게 다른 사람 약이랑 바뀔 수가 있습니까? 이래서는 믿고 한약을 지어 먹을 수나 있겠어요?"

"제 실수입니다. 마지막에 택배 전표를 다시 한번 더 확인해서 보내드려야 했는데, 죄송합니다. 택배는 수거하고, 다시 보내드리겠습니다."

"됐습니다. 그냥 앞으로 거기서는 안 지어 먹을랍니다. 돈은 다 환불해주이소."

그렇다. 한약은 신뢰 위에서 지어진다. 사실 이 한약 안에 무슨 약재가 들어가는지, 어떻게 달여지는지 환자들은 모른다. 오직 원장을 신뢰하고 약을 짓는 것이다. 그런데 그렇게 신뢰하고 지은 한약에 다른 사람의 이름이 붙어 있다면? 신뢰는 바닥으로 추락하게 된다. 그렇게 한번 떨어진 신뢰는 다시 주워 담기가 힘들다.

데스크에서 아무것도 모르고 해맑게 웃고 있는 새로 온 직원을 보니 가슴이 답답하고 울화통이 터질 것 같았다. 하지만 어쩌겠는가. 이것도 원장의 책임이다. 택배 전표를 붙이는 일을 가볍게 보고 새로 온 직원에게 정확히 교육하지 못했던 탓이다. 이런 일이 발생한 이후부터는 철저히 신입 직원에게 업무를 인수인계할 수 있도록 각 직무와 분야별로 매뉴얼을 만들게 되었다. 몰라서 실수하는 일이 없도록 접수부터 택배 전표 붙이는 일까지 세세하게 내용을 담아서 말이다. 한의원의 규모가 커진 지금도 항상 매뉴얼대로 교육하는 것을 원칙으로 삼는다. 원장에서부터 데스크, 침구실 직원에 이르기까지 말이다. 새 직원이 오더라도 빠르게 시스템에 적응하게 만들기 위해서는 매뉴얼이 필수다.

개원하고 나서 매일 매출을 집계해보았다. 부원장으로 있을 때는 그렇게 쉬워 보이던 매출 2,000만 원이 어찌 그리도 힘든지. 직원 월급, 임대료, 약재비, 소모품 비용, 식비 등 경비는 또 왜 그리 많은지…. 어떤 달은 이런저런 경비를 제외하면 부원장 월급과 큰 차이가 나지 않았다. 부원장으로 근무할 때는 항상 5시에 칼퇴근을 했다. 반면 개원 후에는 매일 저녁 7시까지 진료했고, 월요일과 수요일은 저녁 9시까지 야간진료를 했다. 그래서 두 번째 야간진료 날인 수요일 저녁이 되면 거의 몸이 녹초 상태가 되었다. 몸은 힘들었지만 그래도 '부원장으로 더 있을 걸, 왜 개원했을까?' 하는 생각은 하지 않았던 것 같다. 내 업장이니깐 힘들어도 매일매일 즐겁게 일할 수 있었다.

선배들의 이야기를 들어보면 개원 체질인 사람이 있고, 아닌 사람이 있다고 한다. 나도 한의원을 하면서 느낀다. 개원을 하면 월급을 받는 페이닥터 때보다 10배로 일이 많아진다. 페이닥터로 있을 때는 한의사로서의 아이덴티티로만 일하면 된다. 하지만 개원의가 되면 원장이자 경영자, 청소부, 전기 기술자, 탕전원 직원, 때로는 기계 수리공까지도 될 수 있어야 한다. 이렇게 많은 일을 하면서도 즐겁게 하는 사람이 있고, 힘들어하는 사람도 있다. 내 일을 좋아하고, 직접 운영하기를 좋아하는 사람들은 개원하는 게 낫지만, 그보다는 안정적인 삶을 추구하고, 직접 경영하는 것이 부담스러운 사람들은 페이닥터로 있는 게 오히려 나을 수 있다. 개개인의 성향 차이가 아닐까 한다. 나는 잘되든 못되든 내 일을 너무 하고 싶었다. 그래서 저녁 9시까지 야간진료를 마치고 퇴근해서 밤 10시, 11시가 되어 몸은 힘들어도 마음은 즐거웠던 것 같다.

개원빨은 3개월 간다

나의 아버지는 소방공무원으로서 평생을 살아오셨다. 아버지는 2남 4녀의 막내로 태어나셨고, 아무것도 없는 맨바닥에서 노력하며 말단 공무원에서 시작해 기관장으로 퇴직하셨다. 나는 지금도 아버지를 존경한다. 어릴 때부터 나는 아버지의 "안 되면 되게 하라"라는 말씀을 신념처럼 여기며 살았다.

개원 당시는 아버지께서 막 기관장으로 승진되셨을 때다. 아들이 한의원을 차렸다는 이야기를 듣고 아버지의 지인분들께서 봇물이 터진 듯이 한의원에 몰려들었다. 첫 개원을 축하하러 오신 분들이 많았다. 약을 지으신 분도 많았고, 침을 맞으러 오신 분도 많았다.

하지만 '개원빨'은 불과 3개월이었다. 이후 환자들은 썰물처럼 빠져나갔다. 지금 생각해보면 당연한 일이다. 나는 준비되지 않은 상태로 환자를 맞았고, 제대로 응대가 되었을 리 없다. 환자와의 상담도 서툴러서 환자가 원하는 것을 정확히 파악하지 못했다. 약을 지으러 온 환자였는데 상담을 안 해서 침만 맞고 가시는 분들도 많았다. "나는 약을 짓고 싶어서 왔는데…"라는 말이 환자의 입에서 나와야만 비로소 약을 지어드리곤 했다. 처음에는 몇 번 오던 환자들도 갑자기 사라졌다. 나는 왜 환자가 오지 않는지 알지 못했다. 다 나았는지, 만족하지 못했는지, 또는 다른 일이 생겼는지, 그 이유를 알아야 대처할 수 있는데 말이다. 나중에서야 이런 환자의 피드백이 얼마나 중요한 것인지 깨닫게 되었다.

부원장으로 있을 때의 나는 마치 온실 속의 화초와도 같았다. 내가 잘해서 환자가 늘었다고 생각했지만, 그것은 사실 시스템의 힘이었다. 개원은 완전히 다른 게임이었다. 나 혼자만 잘해서는 한의원을 유지할 수가 없다. 모든 직원이 합심해서 시스템을 구축하고, 환자를 만족시킬 때 비로소 한의원이 발전하고 성장할 수 있다.

개원 후 3개월이 지나자 매출이 뚝뚝 떨어지는 게 느껴졌다. 첫 달의 매출에 비해서 거의 반토막이 났다. 차라리 부원장으로 있을 때 급여가 더 나은 상황이었다. '지인빨'은 딱 3개월 간다는 사실을 깨달았다. 엎친 데 덮친 격으로 나는 무료한 시간을 달래려고 다시 주식 투자를 시작했다. 환자가 없는 날에는 모니터를 바라보며 매수, 매도 버튼을 눌렀다. 버튼을 누르고 환자를 보고 오면 주식이 몇 퍼센트 빠져 있을 때가 속출했다. 그때는 환자를 원망했다. 지금 생각하면 참으로 한심한 일이다. 이렇게 운영하는 한의원이 잘될 리가 없었다. 안 그래도 안되는 한의원이 더더욱 바닥을 향해 치닫고 있었다.

그때 나를 찾아온 선배가 있었다. 지금 부산 구서동에서 한의원을 운영하고 있던 K선배는 나에게 환자가 없을 때는 뭘 하냐고 물었다. 그러고는 내 컴퓨터 모니터에 열려 있는 주식 창을 바라보며 이러면 안 된다고, 정신 차리라고 조언해주었다. 성공하려면 공부가 필요하고, 그중에서도 무엇보다도 의식 공부가 중요하다고 했다. '의식 공부라고?' 나는 의식 공부에 관해서는 전혀 관심이 없었다. 하지만 "내면의 힘이 길러지면 당연히 한의원이 잘될 수밖에 없다"라는 선배의 말에 이끌려 나는 의식 공부를 시작했다.

의식 공부 과정 중에는 국내뿐만 아니라 해외에서 참가하는 과정도 있었다. 처음에는 굳이 왜 그 멀리까지 가야 하나 하는 생각도 들었지만, 이왕 시작한 것 한번 끝까지 해보기로 했다. 나는 의식 공부를 하기 위해 독일과 미국까지 다녀오기도 했다. 나처럼 한의원을 하시는 분들 외에도 자영업을 하는 분들, 사무직 일을 하는 분들, 선생님, 학생 등 다양한 사람들이 과정에 참여했다. 모두 더 나은 삶을 꿈꾸는 사람들이었다.

이렇게 의식 공부를 하면서 얻었던 가장 큰 성과는 나 스스로 한계를 깰 수 있게 되었다는 것이다. 그동안 나는 스스로 '내가 어떤 사람이다'라는 것을 규정짓고 있었다. 한의원을 하고 있던 나는 단 하루라도 진료를 빼는 것은 불가능하다고 생각했다. 내가 진료를 쉬면 한의원은 망할 거라고 생각했다. 하지만 당시 과정을 듣기 위해 2주일씩 한의원을 비웠음에도 불구하고 매출은 그렇게 많이 빠지지 않았다.

또한, 당시 나는 월 매출 2,000만 원은 결코 내가 넘을 수 없는 벽처럼 생각했다. 그랬던 내가 지금은 주 4.5일 근무하며, 월 매출 1억 2,000만 원이 넘는 한의원을 운영하고 있다. 그때 필사해둔 노트를 보면 "나는 반드시 다음 달 매출을 4,000만 원 찍고, 부원장을 고용한다"라는 선언을 적어두었다. 실제로 그때 적어두었던 선언의 대부분을 이루었다.

《웰씽킹》의 저자 켈리 최도 잠재의식과 선언과 확언의 중요성에 대해서 강조한다. 켈리 최는 내면의 부정적인 요소를 잠재우기 위해서 선언과 확언이 중요하다고 이야기한다. 확언을 할 때는 마치 그렇게 되고 있는 것처럼 상상하고 오감으로 느껴야 한다. "모든 것이 이미 이루어져 있는 것으로 믿고 생생히 생각하면 우주의 기운이 실제로 그렇게 되게 만든다"는 네빌 고다드(Neville Lancelot Goddard)의 명언처럼, 우리가 매번 생각하고 실천하게 되면 실제로 그렇게 이루어질 가능성이 높아진다. 나도 일부러 매일 아침마다 로그인하는 한의원 차트 프로그램의 비밀번호를 "부산 1등"으로 바꾸었다. 차트 프로그램에 로그인할 때마다 잠재의식 속에서 부산 1등 한의원이 되리라는 마음이 생기게 된다.

의식 공부와 더불어, 당시 서울에서 하는 한의학 강의를 듣기 위해 매주 목요일 5시까지 진료를 단축했다. 5시에 땡 하고 나와서 지하철을 타면 부산역에서 5시 40분 KTX를 탈 수 있었다. 그리고 서울 강의실에 도착하면 8시 30분, 밤 12시 반까지 강의를 마치고 막차 버스를 타고 부산으로 내려오면 새벽 5시 반이었다. 졸린 눈을 비비며 집으로 와서 쪽잠을 자고 바로 한의원으로 출근하는 것이 나의 일상이었다.

마음을 다잡고 서울과 부산을 오가며 열심히 공부하면서 환자들도 다시 조금씩 늘기 시작했다. 한 명을 보더라도 정성껏 보고, 이 환자에게 무슨 침을 놓을지, 무슨 약을 쓸지 심사숙고하며 최선을 다해 상담하고 치료했다. 환자들도 그런 나의 마음을 알아주는 것 같았다.

"원장님한테 상담받고 나니 가슴이 뻥 뚫립니다."

"원장님, 혹시 뭔가 공부라도 하셨어요? 원장님께 이야기하고 나니 너무 마음이 편합니다."

환자도 조금씩 쌓이고, 약 매출도 점점 늘어났다. 내가 정성을 기울여 진료하는 만큼 환자들은 그 마음을 알아주었다. 초짜 한의사가 진료하는 한의원과 이미 자리를 잡은 한의사가 진료하는 한의원이 같을 수는 없다. 연륜이나 경험이 없는 대신 열정으로 승부를 봐야 한다. 환자는 의사가 열심히 치료해주고 싶어 하는 그 마음을 보고 찾아온다.

우리 한의원의 모토도 '정성을 다하는 해맑은한의원'으로 정했다. 한의원의 전화 연결 컬러링의 문구에도 '정성을 다하는'이라는 내용을 넣었다. 모든 직원에게 정성과 친절을 강조했다. 내가 바뀌니 직원들도 바뀌었다. 원장이 불친절한데 직원이 친절할 수가 없다. 어느 한의원을 가더라도 직원의 환자 응대를 보면 그 한의원의 원장이 어떤지를 알 수 있다.

다행히 자주 바뀌던 직원들도 안정세를 찾아갔다. 그중 한 직원은 지금까지 9년간 근속하고 있다. 처음에는 토요일 아르바이트부터 시작해서 내년이면 10년 차 근속하시는 우리 한의원의 실장님이다. 실장님은 정말 책임감 있게 열심히 환자 관리를 위해서 노력하신다. 나는 사람을 잘 믿지 않는 편이지만 한번 믿으면 끝까지 믿는다. 믿음과 신뢰는 그 사람의 잠재력을 최대치까지 끌어낸다고 믿는다.

나는 한의원에 오시는 모든 환자의 이름을 외우려고 노력했다. 또한 환자의 세세한 가족 사항과 환자의 특징, 말투 등도 기억하려고 애썼다.

"아버님, 저번에 오실 때 다리가 불편하셨는데 요새는 좀 괜찮으신가요?"

"손주들은 요새 방학했겠네요. 애들 봐주시느라 바쁘시겠습니다."

차트에 적어둔 세세한 내용들을 보고 이야기하면 환자들은 "아이고 원장님, 그런 것까지 다 기억하십니까?"라거나, "여기는 믿음이 가네. 다음에 다른 사람 한 명 델고 올께예" 하고 신기해하면서도 감동했나.

흔히 말하는 '라포(Rapport, 의사소통에 있어 두 사람 사이의 형성되는 상호신뢰 관계를 나타내는 심리학 용어)'가 형성된 후에야 비로소 환자는 마음의 문을 연다. 라포를 형성하기 위해서는 사람과 사람 사이의 교감이 있어야 한다. 교감은 사람을 향한 관심과 이해에서 시작된다. 충분한 경청, 공감, 그리고 대화는 환자의 마음의 문을 여는 열쇠다.

'개원빨', '지인빨'은 딱 3개월 갔다. 처음 개원했을 때는 내가 잘해서 환자들이 오는 줄 알았다. 그것이 완전한 나의 착각이었음을 깨닫는 데는 그리 오랜 시간이 걸리지 않았다. 이후의 경영은 오롯이 나 스스로 해내야 했다. 나는 정글에 던져진 한 마리 아기 사자와 같았다. 정글에서 살아남아 우뚝 걸어가기 위해서 스스로 한계를 깨뜨리고 나아가야 했다.

의사가 원하는 것과
환자가 원하는 것은 다르다

"침이나 한번 맞아볼까 해서 왔습니다."

"피나 한번 빼볼까 해서 왔습니다."

한의원 문을 열고 들어오는 환자들의 단골 멘트다. 우리는 보통 언제 한의원 치료를 떠올릴까? 주로 목이 안 돌아가거나, 발목을 삐거나, 허리를 뜨끔하거나 할 때 한의원을 떠올리는 경우가 많다. 한의원에서도 협착증을 치료하고, 통풍을 치료하고, 위염을 치료한다고 하면 "한의원에서 그런 병들도 치료하나요?" 하고 깜짝 놀라곤 한다.

한의사들은 졸업 후에 가장 의기가 충천해 있다. 빨리 환자를 만나고 싶은 마음으로 가득하다. 학생 때는 하계 의료봉사라고 해서 무의촌이나 의료 벽지에 매년 봉사활동을 가기도 했다. 진료하는 본과 4학년 선배들을 보조하면서, 혈압을 재거나 예진하거나 환자들을 안내하곤 했다. 나는 매년 의료봉사에 참여하고 싶어서 안달이 난 학생이었다. 학생으로서 유일하게 환자들을 만날 수 있었던 시간이었기 때문이다.

졸업 후에 면허증을 받고 공중보건의로 발령받았을 때도 빨리 환자를 만나고 싶은 마음에 설렜다. 비록 임상 경험은 제로에 가까웠지만, 책에서 배운 나의 모든 지식을 활용해보고 싶었다. 언젠가는 허준과 이제마와 같은 명의가 되고 싶었다.

'일도쾌차(一到快差)'라는 말이 있다. 단 한 번의 시술로 환자의 병을 쾌차시키는 것을 말한다. 그야말로 꿈 많은 새내기 한의사의 동경이자 자부심이었다. 일도쾌차의 경험은 달콤하면서도 진한 에스프레소 같은 맛이라고 하겠다. 환자나 의료인 모두 일도쾌차를 꿈꿀 것이다. 실제로 임상에서도 일도쾌차를 경험하는 경우가 적지 않다. 발목 염좌로 온 경우 사혈 1회 만에 절뚝거려서 온 환자가 멀쩡하게 걸어서 나가기도 한다. 그런가 하면, 목이 잘 안 돌아갈 때 1회 시술 만에 바로 목이 돌아가기도 한다. 다만 일정한 치료 시간이 필요한 만성질환이라든지, 구조적으로 무너진 질환의 경우에는 중국의 명의 화타(華佗)와 편작(扁鵲)이 달라붙어도 일도쾌차를 이루기 쉽지 않다. 이런 환자들이 찾아와서 "침 한 방에 낫궈주소(병을 고치다의 경상도 지방 방언)"라고 말하면서 "낫는다고 해야 여기서 치료받지 아니면 다른 데 갈라요"라고 하면 참으로 난감하다. 질환에 따라 치료 방법이 다를 수밖에 없으며, 회복되는 데 걸리는 시간이 다를 수밖에 없기 때문이다. 사실 한의원에는 아프지 않아도 미리 예방차 치료받으러 오는 사람들이 있는가 하면, 대학병원까지 다 가봤는데도 안 나아서 마지막 희망으로 오는 사람들도 있다. 어찌 보면 한의원은 0차 의료기관이자 4차 의료기관인 셈이다.

이처럼 다양한 환자들의 요구에 맞춰주기 위해서는 '환자가 무엇을 원하는지?'를 파악하는 것이 중요하다. 의사가 원하는 것과 환자가 원하는 것은 다르다. 의사는 '어떻게 하면 내가 잘 치료해주지?'라고 생각하나, 환자는 '내가 원하는 치료를 어떻게 받지?'라고 생각한다. 간혹 환자들과 상담으로 20~30분 넘게 진맥하고 복진을 하며, 추나를 하고, 이러이러한 치료를 해보면 좋겠다고 이야기했을 때 "아, 나는 그냥 침이나 맞고 갈라요", "오늘은 바빠서 그냥 가겠습니다"라고 이야기하면 허탈할 때가 많다. 환자 또한 그 경험이 불쾌했을 것이고, 나 또한 시간을 낭비하게 된다. 이런 일이 발생하지 않게 하기 위해서는 내가 원하는 데 초점을 맞추면 안 되고, 환자가 원하는 것에 정확히 초점을 맞추어야 한다. 그 후에 나의 의견을 보태야 한다.

"환자분은 지금 상태에서 여기가 문제가 있어서 약침과 추나, 한약 치료가 필요한데, 함께 치료해보는 게 어떠신가요?"

그렇게 이야기했을 때 환자는 비로소 "아 어떤 치료가 더 필요할까요? 비용은 어떻게 되지요? 얼마나 치료해야 할까요?" 하는 대답을 하고, 충분한 설명을 들은 후에 자신이 결정해서 치료받을 수 있다고 생각하게 된다. 의사는 진단 결과와 앞으로의 치료 방향을 제시해줄 뿐,

치료에 대한 최종 결정을 하는 것은 결국 환자의 몫이다.

환자에게 적합한 치료를 제시하기 위해서는 환자를 잘 알아야 한다. '지피지기(知彼知己)여야 백전불태(百戰不殆)'라는 말이 있지 않나. 무엇보다도 치료에 앞서 사람을 보아야 하고, 상대방을 이해해야 한다. 한의원을 방문하는 환자의 유형에 따라서 크게 4가지, '이용객', '개론파', '평가단', '운명론자'로 분류할 수 있었다.

먼저, 한의원을 방문하는 환자의 80%가량은 '이용객'에 속한다. 이용객은 아픈 곳에 침을 맞고 싶어서 온다. 자신이 원하는 치료를 받으러 온다. 또한 정확한 진단을 중요하게 생각하지 않는다. 진료가 길어지면 피곤해한다. '이용객'들에게는 진료 시각이 중요하다. 빨리 치료받고 자신의 다른 스케줄로 이동해야 한다. 따라서 이용객 환자들은 예약 시간을 철저히 잘 지키는 것이 중요하다.

두 번째는 '개론파' 유형이다. "제 병의 원인에 대해서 알고 싶어 왔습니다…. 대학병원에서 교수님에게 어떤 증후군 진단을 받았는데, 제 생각에 이 증상은 그 진단기준에 맞지 않는 것 같고…, 또 어떻고…" 이렇게 이야기하는 유형은 십중팔구 '개론파'에 속한다. 개론파는 학구적이며, 정확한 진단명을 바란다. 또한 이론적인 설득이 되면 충성 고객이 된다. 가격 저항이 적으며, 전문적인 고가 진료를 선호한다. 전문가를 찾아다니며, 직원이 아니라 원장 선에서 해결해야 하는 환자들이 대부분이다.

세 번째는 '평가단' 유형이다. 이런 분들은 한의원을 비교 평가한다. 특별한 대접을 받기를 원한다. 또한 독특하고 특별한 진단, 치료를 선호한다. 마음을 붙잡기 어려운 편이지만, 붙잡으면 열심히 온다. 개원 초기에 많이 온다. "원장이 젊네", "여기 한의원은 안마의자가 없네" 등의 이야기를 하는 환자들이 이 유형에 속한다. 이들은 타 병원, 타 한의원을 자주 언급한다. 먼 곳에서 소문을 듣고 내원하기도 한다. 또한 가격에 민감하다. 반면, 치료에 만족하면 다른 환자를 가장 많이 소개해 주는 유형이기도 하다.

네 번째는 '운명론자' 유형이다. 운명론자는 "원장님만 제 병을 알아요"라고 이야기하며 원장과의 인연을 소중히 여긴다. 운명론자는 심리적인 작용인 플라시보(Placebo) 효과가 강하다. 내가 한 진료와 선택은 항상 좋은 결과를 맺는다고 생각한다. 환자의 신상을 잘 기억해야 한다. 운명인지 아닌지는 환자가 정한다. 못 알아보면 굉장히 실망한다. 반드시 이름을 외워야 한다. 간식을 사 오시는 분들이 이런 유형에 속한다. 한의원에 올 때 무언가를 자주 사 온다. 그게 힘들 때는 주변 지인이라도 데리고 온다. 또한 원거리에서도 내원한다. 봄, 가을마다 한약을 지어 드시는 분들이 이런 유형이 많다.

만약 이용객 환자에게 엄청나게 자세한 설명을 한다고 시간이 지체되어버리면 그 사람은 다시는 한의원을 찾지 않을 것이다. 개론파 환자에게 자세한 설명과 진단 없이 진료해버린다면 자기 병도 제대로 모른다고 탓할 것이다. 평가단 환자를 이용객처럼 진료해버리면 여기 한의원은 시간에 맞춰서 대충 진료한다는 소문을 퍼뜨리고 다닐 것이다. 운명론자 환자가 왔는데 기억도 못 하고, 그 사람과의 인연을 소중히 여기지 않는다면 나중에 좋지 못한 소리를 들을 것이다. 이처럼 환자들의 유형에 따라 각자가 원하는 진료가 있고, 그러한 환자의 니즈와 원츠(니즈와 원츠에 대해서는 뒤에 자세하게 이야기하겠다)에 맞춰서 응대하는 것이 중요하다. 결국 맞춤식 진료에 따른 환자의 만족으로 귀결된다고 볼 수 있겠다. 한의원을 하면 할수록 느끼는 것은 사람들은 백인백색(百人百色)으로 다르다는 점이다. 백 명이 오면 과연 백 명을 다 만족시킬 수 있을까? 모든 사람을 만족시킬 수는 없지만, 최소한 그 사람이 원하는 서비스에 가까운 맞춤식 응대가 중요하다. 사소한 말투와 응대, 서비스에 감동이 있고, 그것이 재방문과 소개로 이어지게 된다.

의사가 원하는 것과 환자가 원하는 것은 다르다. 의료업도 기본적으로 서비스업의 일종이라고 생각한다. 내 눈높이보다는 환자의 눈높이에 맞춰 치료해야 한다. '환자가 어떤 사람일까?', '왜 저 환자는 이런 병에 걸렸을까?', '이 환자는 무엇 때문에 이렇게 치료를 원할까?' 등 모든 것을 환자의 관점에서 바라보면 답이 나온다. 의사가 원하는 바만 주장해서는 환자의 마음이 열리지 않는다. 자신의 입장에 서서 방향을 제시해주면 자연스럽게 환자는 따라오게 된다는 사실을 나는 늘 느끼고 있다. 그러기 위해서 환자를 잘 이해하는 것이 필수 선결 조건이라고 하겠다.

극한 직업 한의사

한의사들에게 가장 많은 질환은 무엇일까? 아이러니하게도 바로 디스크다. 한의원을 하면 종일 허리를 구부려서 침을 놓아야 한다. 한 사람당 5분 정도, 하루에 40명 정도를 잡으면 200분 이상이 되는 시간이다. 밥 먹는 시간 빼고 거의 쉬지 않고 침을 놓아야 그 정도 환자를 볼 수 있다. 하지만 그에 비해 수가는 높지 않다. 15분에서 20분 정도 한 명의 환자에게 매달려 추나를 하거나 침을 놓았을 때 비로소 1인당 1~2만 원 정도의 보험수가가 나온다.

내가 대학에 입학할 때만 해도 허준과 이제마가 한창 인기를 얻고 있을 때였다. 그때 허준과 같은 명의가 되고자 하는 꿈을 안고 한의대에 입학한 청춘들이 많았다. 한약 또한 잘 나가고 있을 때였다. 몸이 조금만 허해도 '한약 한 제 지어 먹어야겠다'고 생각하는 사람들이 많았다.

지금은 건기식(건강기능식품) 시장이 커져서 한약을 대체하는 경우가 많이 늘었다. 홍삼이나 글루코사민, 밀크씨슬 등 좋다는 식품들이 하루가 멀다고 TV 광고와 신문을 도배하며 새롭게 출시되고 있다. 한약 매출, 비급여 매출이 줄어든 요즘, 후배들은 먹고살기 위해서 어쩔 수 없이 침과 추나 등의 수가에만 의존하는 경우가 많은 것 같다.

"원장, 내가 여기 아픈데 여기도 놔주고, 저기도 놔주소. 앞판도 놔주고 뒷판도 놔주소."

"오늘 내가 본전 뽑을라고 왔소. 추나도 해주고, 약침도 놔주고, 다 해주소. 그런데 앞 한의원에서는 1,900원만 받는다고 하던데 원장님도 그래 안 해주는교?"

'아이고, 어떤 한의원인지는 모르겠지만 그런 한의원은 이 세상에 없소.'

목구멍까지 올라오는 말을 참고 나는 묵묵히 침을 놓는다.

"내가 서울 아산 병원 과장을 아는데…, 하도 잘 안 나아서 누가 여기 잘한다고 해서 찾아왔소."

"어르신요. 다른 데서 잘 안 나으면 저희도 잘 안 낫습니데이. 제가 아는 한 최선은 다해보겠지만, 금방 마 확 나을 거라는 생각은 하지 마소."

이럴 때는 차라리 솔직하게 말하는 게 낫다. 쉬운 질환은 쉽다고 하고, 어려운 질환은 어렵다고 해야 한다. 그게 환자를 속이지 않는 것이다. 모르는 것을 모른다고 이야기하기 위해서는 그만한 용기가 필요하다. 치료가 쉽지 않다고 솔직히 말하면 사람들이 나를 손가락질하리라고 생각하지만, 생각보다 그렇지 않았다. 오히려 "원장님이 뭐 그것도 몬하노"라고 멋쩍어 한다. 대신 잘 모르거나 힘든 병은 다음에 더 잘 치료하기 위해 나도 더 공부하게 되었고, 다음에 그 환자를 만나게 되면 하나라도 더 잘해줄 수 있도록 노력했다.

어떨 때는 망상병(妄想病)에 걸린 환자에게 시달렸던 경우도 있다. 우리 한의원에서 다이어트 한약을 먹은 사람인데, 자신에게 살 빠지는 약이 아니라 살을 찌는 약을 지어줘서 살이 찌게 되었다고 주장했다. 심지어는 한의원에 전화가 와서 쌍욕을 하며 고래고래 소리를 지르기도 했다.

"내가 사람을 그렇게 안 봤는데 말이야. 나한테 그럴 수가 있어? 어떻게 살이 더 찌는 한약을 지어줄 수가 있어?"

이런 망상병에 시달리는 환자에게는 이성적으로 대처하면 오히려 더 길길이 날뛴다.

"어머님, 제가 어떻게든 살을 빼드리려고 약을 지어드렸는데, 실력이 부족했습니다. 죄송합니다."

차라리 이렇게 한 수 접고 들어가는 게 나을 때도 있다.

한의원을 이용하는 분들은 아픈 분들이다. 아픈 사람에게는 가장 중요한 것이 마음의 위로다. 나는 환자의 마음을 이해하는 따뜻한 의사가 되고 싶었다. 그런데 이야기를 듣다 보면 내가 속에 천불이 다 날 때도 있었다. 다른 환자 치료가 밀려 있는데 계속해서 자기 이야기만 하느라 나를 붙잡는 환자도 있었고, 귀가 어두워서 대화할 때마다 "뭐라꼬?"를 외치는 환자도 있었다. 돈 계산을 다 하고 한약도 다 달여졌는데 갑자기 대학병원 교수가 먹지 말라고 해서 환불받으러 왔다는 환자도 있었다. 얄밉기는 하지만 어쩌겠는가. 나는 이런 환자들을 만날 때마다 오히려 내 진료에 있어 반면교사(反面敎師)로 삼았다. 간 수치 때문에 병원에서 한약을 먹지 말라고 했다는 환자들 덕분에, 레플로트론 기계를 도입해서 한약을 짓기 전에 미리 간 수치를 검사해보기도 했다. 종합검진을 앞둔 경우는 차라리 검사 결과가 나오고 나서 한약을 지으시라고 조언해드리기도 했다.

아직도 병원에서는 한의원에서 치료받는다고 하면 "거기서 무슨 치료가 되겠느냐?"며 색안경을 끼고 바라보는 경우가 있다. 내가 아는 것만이 옳다는 생각은 정말 위험한 생각이다. 환자를 위한 방법이라면 양, 한방을 따져서는 안 된다. 나도 개원 초기에 '한방만이 무조건 옳고, 양방은 그르다'라고 생각했던 적이 있다. 수면제를 드시던 환자분께 몸에 해로우니 무조건 끊으라고 하기도 했고, 진통제 주사는 맞지 말라고 한 적도 있다. 그때의 내 생각이 얼마나 편협한 생각이었는지 지금은 절실히 느낀다. 병은 다양하고, 환자는 자신에게 맞는 처방을 찾아 오늘도 헤맨다. 환자에게는 자신에게 맞는 치료를 해주는 사람이 명의다.

그런 의사가 되기 위해서는 내가 아는 모든 지식과 관념을 내려놓고 환자의 입장에서 생각해야 한다. 한의원 치료를 해야 할 때가 있고, 필요할 때는 병원 치료도 해야 할 때가 있다. 골절되었는데 침만 맞고 있어도 될 일이 아니며, 기력이 다 빠졌는데 비타민 수액만 맞고 있어서 될 일도 아니다. 그때마다 상황에 맞는 치료를 해주어야 한다.

많은 환자를 진료하면서 나도 흔히 말하는 '짬밥'이 쌓였다. 때로는 나를 힘들게 하는 환자들이 내게 스승이 되기도 했다. 생각해보면 한의원을 찾는 사람들은 모두 아픈 사람들이 아닌가. 몸이 아픈 사람도 있지만 마음이 아픈 사람도 있다. 아프면 모두 예민해질 수밖에 없다. 가끔 무리한 요구를 하는 환자들을 볼 때 처음에는 이해하기 힘들었지만, 그런 생각을 하면 마음이 풀리기도 했다. 쉬운 환자만 봐서도 한의원의 이런저런 돌발 상황에 대처하기가 힘들다.

동래의 '해맑은한의원'에서 진료를 시작한 지 약 4년 정도 되었을 때다. 단돈 1,000만 원으로 개원한 직원 2명의 한의원은 어느새 규모가 커져서 직원 3명, 아르바이트 직원 1명을 둔 한의원이 되었다. 매출은 적자를 걱정해야 하는 월 매출 1,200만 원 수준에서 3배 이상으로 상승했다. 하지만 나는 한계를 느끼고 있었다. 매출에 비해 경비 구조는 알짜인 한의원이었지만 거기서 더 이상 성장하지 못하고 있었다. 나는 조금 더 큰 곳으로 옮기고 싶었다. 사실 처음에 개원할 때도 경험 삼아 약 2년 정도 운영해보려고 했었다. 망해도 괜찮은 자리에서 부담 없이

해본다고 생각했다. 하지만 시간이 지나고 그 자리에 점점 익숙해지면서 감히 옮긴다는 생각을 하지 못하게 된 것 같다. 게다가 단골 환자들도 조금씩 쌓이고 있었으며, 멀리서 찾아오는 환자들도 있었다. 그 환자들을 두고 떠나겠다는 생각을 하는 것은 쉽지 않았다.

그러던 와중에 내가 아는 C원장님이 "부산 양정에 있는 모 한의원이 양도에 나왔는데, 괜찮아 보이네. 환자도 많고"라는 이야기를 우연히 했고, 검색해보니 양도조건이 괜찮았다. 평균 환자가 100명이 넘는 큰 한의원인데도 불구하고, 양도조건이 약 6,000만 원에 불과했다. 대신 원장님이 모든 차트와 환자 권리를 다 가져가는 조건이었다. 차트 0번에서 시작한다는 것은 신규 개원과도 비슷한 것으로 봐야 한다. 다시 바닥에서 시작하는 것이었다.

양도매물로 나온 곳은 7층에 위치한 한의원이었다. 일반적으로 한의원은 1, 2층이 많지 7층과 같은 고층은 많지 않다. 게다가 양도하시는 원장님은 대학병원에서 교수 경력이 있으신 분으로, 뇌 질환을 전문으로 보는 한의원이라서 부산 전역에서 오는 중풍이나 파킨슨병 등의 환자들이 많았다. 워낙 유명한 원장님이라서 선뜻 그 자리에 들어가려는 사람이 없었다. 그래서 처음에 2억 원에 나왔다가 6,000만 원까지 양도 권리금이 떨어진 것이다. 하지만 나는 그 자리가 가진 저력을 믿었다. 하루 100명씩 환자를 본다는 것은, 물론 그 원장님의 역량도 뛰어나지만, 한의원의 위치도 그만큼 좋다는 것을 의미한다. 그리고 4년 동안 3배 이상 매출을 끌어올린 나 자신을 믿었다. 비록 환자층은 다르지만, 충분히 해볼 만한, 승산이 있는 싸움이라고 생각했다.

　나는 운영하던 동래의 한의원을 6,000만 원에 양도하기로 했다. 몸만 들어와서 진료할 수 있도록 모든 차트와 환자 권리를 양도하는 조건이었다. 사실 얼마 전까지만 해도 양도할 생각을 안 하고 약탕기와 추나 기계 등을 새 제품으로 바꾼 상황이었다. 그래서 아까운 마음도 들었지만, 한편으로는 홀가분하기도 했다. 그 양도금으로 나는 새로운 한의원을 양수할 수 있었다. 이제 바닥부터 시작이었다. 다시 차트 0번부터 시작하는 게임이었다.

　이전 원장님이 평균 100명을 보았으니, 나는 단순하게 그 절반만 봐도 괜찮다고 생각했다. 그런데 첫날 개원했을 때 30명, 한 달이 지나도 평균 환자 40명을 넘기지 못했다. 새로 옮긴 한의원은 월세도 보증금 1억 원에 월세 286만 원으로, 이전에 비하면 직원 1명 월급 이상으로 지출이 더 나갔다. 나는 당황했다. 너무 성급하게 옮긴 게 아닌가 싶기도 했다. 무엇이 잘못되었나 생각했다. 하지만 4년간 한의원을 운영하면서 느꼈던 '원칙'으로 돌아가기로 했다. 새롭게 시작하는 한의원에서 다시 초심으로 진료를 시작했다. 정성을 다하는 만큼 환자는 조금씩 늘어나기 시작했고, 처음 목표로 했던 수준 이상보다 올라올 수 있었다. 환자는 귀신같이 안다. 내가 노력과 정성을 쏟는 만큼 환자는 반드시 알아주었다.

나는 한의원으로
평생의 내 꿈을
찾았다

2장

왜 유독 그 한의원만 잘될까?

우리나라에 몇 개의 한의원이 있을까? 2022년 기준으로 전국에 한의원은 14,500개소가 있다. 우리나라에 있는 스타벅스 매장 수가 약 1,700곳이니 그보다 거의 9배나 많은 셈이다. 그런데 평소 스타벅스는 지나가면서 자주 보지만, 한의원은 그렇지 않다. '아프지' 않으면 그다지 관심을 가지지 않기 때문이다. 나도 그랬다. 학생 때만 해도 한의원이 이렇게 많은 줄 몰랐다. 졸업해서 보니 전국 곳곳에 한의원이 없는 데가 없을 정도로 많았다. 지금도 매년 700명 이상의 한의사들이 배출되고 있으며, 신규 개원도 점점 늘어나는 추세다. 그런데 이렇게 많은 한의원이 있지만 최근에는 폐업률도 늘고 있다. 갈수록 잘되는 곳은 잘되지만, 안되는 곳도 늘어나고 있다. 점점 대형화되고 있으며, 특화된 곳만 살아남고 있다.

'한의원' 하면 어떤 이미지가 생각나는가? 혹시 〈허준〉과 〈태양인 이제마〉 같은 드라마에서 나오는 약 옹기를 호호 불면서 약 보자기를 손으로 짜거나, 한복을 입고 흠흠 거리며 "줄을 서시오" 하는 장면을 생각하는가? 그렇다면 완전한 착각이다. 근래 한의원들은 갈수록 경쟁이 치열해지고 있다. 대학병원을 방불케 하는 번듯한 인테리어와 최신 장비, 시설들을 갖춘 한의원이 많다. 또한 예전에 침과 약만 있던 한의원에서 벗어나 추나요법과 약침 치료 등 다양한 진료를 하는 한의원이 많다.

그런데 내가 처음 개원했을 때만 해도 그런 한의원이 많지 않았다. 흔히 말하는 '동네 한의원'들이 대부분이었다. 규모도 작고, 원장 혼자서 진료하는 한의원이 많았으며, 환자 수도 20~30명 정도 작게 보는 곳이 대부분이었다. 나는 진료를 잘하는 원장도 되고 싶었지만, 환자를 많이 보는 원장도 되고 싶었다. 그리고 한의원이 잘되게 하려면 무엇보다도 잘되는 한의원을 벤치마킹하는 방법이 가장 빠른 방법이라는 결론에 이르렀다.

잘되는 한의원의 특징은 무엇일까? 이 정답을 찾기 위해서 나는 개원 초에 무작정 근처에 있는 한 선배의 한의원을 찾아갔다. 선배는 개원하자마자 부원장을 두고 큰 한의원을 운영하고 있었다. 선배는 나를 반겨주며 선배의 노하우를 풀어주었다. 개원 초, 아무것도 모르는 꼬꼬마 초보 원장이던 내게, 선배의 한의원 운영 노하우는 큰 도움이 되었다. 어찌 보면 잠재적인 경쟁자일 수 있는 나에게 아낌없이 베풀고 알려준 선배에게 지금도 참 감사한 마음이다.

선배 한의원의 특징은 '속도'였다. 밀려드는 환자들을 응대하기 위해서는 치료를 잘하는 것도 중요하지만 환자들을 빠르게 치료하는 것도 중요하다. 선배 한의원의 데스크 직원들은 능숙하게 환자들을 응대했다. 접수 과정도 순식간에 이루어지고, 환자들이 많았음에도 불구하고 대기 시간이 많지 않았다. 치료실에서도 침 치료가 신속하게 이루어졌다. 치료를 다 받고 나가기까지 불과 50분이 걸리지 않았다.

또한, 치료실 베드 곳곳에도 대기 시간이 지겹게 느껴지지 않도록 여러 가지 홍보물이 걸려 있었다. 그리고 '재진 관리'가 매우 체계적으로 이루어졌다. 처음 내원했던 환자들에게 앞으로의 치료계획을 구체적으로 알려주었는데, 예를 들면 '앞으로 2주일 동안은 일주일에 세 번 치료, 몇 시에 내원' 이런 식이었다. 또한 다양한 '외부 활동'을 하고 있었다. 근처 유치원과 협약을 맺어 아이들이 한의원에서 짓는 한약을 할인해주거나, 검진을 무료로 해주기도 했다. 경영에 대해 관심이 많은 선배는 대학교의 MBA(경영대학원) 야간 과정도 다닌다고 했다. 한의원을 하면서 어떻게 그런 시간을 낼 수 있는지, 선배의 열정이 정말 대단하다고 생각했다. 당시 주먹구구식으로 한의원을 운영하던 내게 선배의 한의원 운영 방식은 신선한 충격이었고, 이후에도 시간만 되면 잘되는 한의원들을 찾아가는 계기가 되었다. 잘되는 한의원들을 찾아가 살펴보면 최소한 한 가지 이상은 배울 것들이 꼭 있었다.

당시 나는 한의학 강의를 자주 들으러 다녔는데, 항상 강의를 가보면 잘되는 한의원의 원장님들이 앞자리에 앉아서 가장 열심히 강의를 듣곤 했다. 잘되는 원장들은 끊임없이 자기계발과 발전에 대한 열정이 넘쳤다. 그렇기에 한의원도 그만큼 잘되는 게 아닐까 싶다.

잘되는 곳이 무조건 치료를 잘해주는 곳과 동의어는 아니다. 치료율은 하나의 필요조건이지 충분조건은 아니다. 예를 들어 보자. 과연 맥도날드가 이 세상에서 가장 맛있는 햄버거 가게라고 할 수 있을까? 맥도날드가 지금처럼 성공할 수 있었던 까닭은 맥도날드의 햄버거가 세상에서 가장 맛있기 때문이 아니다. 더 맛있는 햄버거는 많다. 하지만 항상 일정한 수준 이상의 맛을 기대할 수 있고, 빠르게 서비스를 제공받을 수 있다는 것이 핵심이다. 사람들의 그런 기대치를 충족시켜주기에 맥도날드가 성공할 수 있었다. 쿠팡도 그렇다. 쿠팡이 가격이 가장 싸기 때문에 사람들이 많이 이용할까? 그렇지 않다. 다른 온라인 매장을 찾아보면 쿠팡보다 더 저렴하게 판매하는 곳도 많다. 쿠팡이 시장을 석권할 수 있었던 이유도 바로 속도에 있다. 쿠팡은 기존의 1박 2일 배송조차도 많은 시간이 걸리는 배송이라고 보았다. 그래서 새벽 배송을 도입해서 저녁에 주문하면 아침에 도착하도록 배송하기 시작했다. 이는 폭발적인 반응을 얻었고, 순식간에 이커머스(E-commerce) 시장을 석권하게 되었다.

사람들이 맛있는 식당만 찾아간다고 생각하는가? 맛집이 되기 위해서는 여러 가지 요소를 충족해야 한다. 맛, 분위기, 서비스, 청결 등. 그중에서 '맛'은 맛집의 하나의 요소일 뿐이다. 잘되는 한의원에도 특징이 있었다. 무엇보다도 새로운 변화에 대한 두려움이 없었다. 시대의 흐름과 트렌드를 거스르지 않는다. 일단 새로운 기계나 프로그램이 나오면 누구보다 빨리 시작하고 본다. 또한 투자를 아끼지 않는다. 번 돈의 절반은 재투자한다. 그렇게 한의원의 규모를 키운다. 그리고 환자에 대한 배려가 충실하다. 치료받고 나갈 때까지 환자가 대접받았다는 느낌이 들게 한다. 환자가 한의원에 온 목적은 아픈 곳을 치료받는 것도 있지만, 치료를 통해 자신의 삶의 질을 높이기 위해서다. 환자가 오는 이유는 한의원의 매상을 올려주기 위해서가 아니다. 이와 같은 환자의 욕구를 충족시켜야만 환자는 그 한의원에 재방문하게 된다.

나는 양정으로 이전하면서 주변의 한의원을 방문하고, 각 한의원의 특징을 살펴보았다. 그리고 우리 한의원의 객관적인 장점과 단점을 비교해보았다. 우리 한의원의 장점은 일단 신규 개원이 아니라 양수 개원이기에 예전부터 오셨던 기존 환자들이 많았다. 또한 지하철역 바로 옆이라 접근성이 좋았다. 단점은 층수가 너무 높고 길에서 잘 보이지 않는다는 점이었다. 또한 한 층이 50평 정도로 진료 공간이 좁다는 점이었다. 우리 한의원의 장단점을 파악하고 나니 앞으로 어떤 전략을 취해야 할지가 보였다. 접근성이 좋은 건 장점이지만, 고층에 위치하기 때문에 엘리베이터를 이용해야만 올 수 있었다. 지나가다가 쉽게 들어올 수 있는 한의원은 아니었다. 게다가 나는 환자 한 명을 치료하는 데 많은 시간을 쏟는 편이었다. 그렇기 때문에 무조건적으로 환자 수가 늘어나기는 힘든 구조였다. 이런 경우는 한약 처방을 많이 하거나 패키지 프로그램 등의 다양한 치료 방식을 개발하고 객단가를 높이는 데 초점을 두어야 했다.

 개원을 하고 6개월 뒤, 나는 심각한 고민을 하게 되었다. 환자는 점차 많아지는데 환자들이 과연 그만큼 충분한 만족을 얻고 가는가? 내가 환자라면 그렇지 않을 것 같았다. 당시 나 혼자 환자들을 보는 데는 한계가 있었다. 초진 환자가 오면 상담을 하는데, 한 명당 최소 10분 이상의 시간이 소요된다. 그 시간 동안 침 환자는 마냥 기다려야만 한다. 거기다가 추나 환자라든지 약 상담을 해야 하는 환자가 있다면 그 환자는 30분이나 1시간 이상 기다려야 될 수도 있었다.

 나는 환자의 만족도를 떨어뜨리는 대신, 빠르게 상담하고 더 많은 환자를 볼 것인지, 그렇지 않으면 지금처럼 한 사람당 진료 시간을 넉넉히 가지면서 환자를 볼 것인지 선택해야 했다. 후자를 택하기 위해서는 반드시 부원장을 써야만 하는 상황이었다. 나의 상황을 부모님께 말씀드렸더니 걱정을 많이 하셨다. 익숙한 걱정이었다. 아들이 병원을 옮긴 지 얼마 안 되어 다시 부원장을 뽑는다고 하니 그러실 만도 했다. 자리도 잡기 전에 경비가 너무 많이 지출될까 봐 걱정이 많으셨다. 충분히 이해되는 걱정이었고, 나는 부모님께 상황을 잘 말씀드렸다. 그리고 한의원이 한 단계 더 도약하기 위해서는 반드시 부원장이 필요한 상황임을 말씀드렸다.

그렇게 해서 나는 개원한 지 1년 만에 처음으로 부원장을 채용하게되었다. 처음 부원장으로 함께한 친구는 그동안 서울을 오가며 함께 공부했던 후배였다. 같은 공부를 했기 때문에 처방을 쓰는 방식과 진료를하는 방식이 비슷했다. 그래서 더 좋았던 것 같다. 후배 부원장이 함께한 3년 동안 우리 한의원은 크게 성장했다. 부원장을 두게 되면서 나도충분한 약 상담 시간을 확보하게 되었으며, 더 이상 시간에 쫓겨서 진료하지 않게 되었다. 또한 환자들도 불필요하게 기다리는 시간이 줄고,빠른 진료를 받을 수 있게 되었다. 3년간 최선을 다해 일해준 나의 첫번째 부원장에게 지금도 고마운 마음이다.

부원장과 함께 하면서 비로소 나는 한 단계 더 도약할 수 있었던 것같다. 혼자 진료하는 구조로 적은 경비에 알짜 한의원을 운영할 수도있었을 것이다. 하지만 사람을 써야만 겪을 수 있는 그런 여러 가지 경험은 해보지 못했을 것이다. 잘되는 한의원이 되기 위해서 부원장을 구하는 건 진통을 겪는 과정과 같다. 하지만 잘되는 선배들은 하나같이어느 정도 병원이 잘되기 시작하면 꼭 부원장을 뽑으라고 이야기했다.나도 당시 고민했지만 지금 생각해보면 잘한 결정이었다. 과거 〈이휘재의 인생극장〉이라는 TV프로그램이 있었다. "그래 결심했어!"라고 외치고 하나의 선택을 한 후에 시간이 흘러 두 선택의 결과가 극명하게 달라지는 이야기를 재미있게 본 적이 있다. 모든 결정에는 타이밍이 있다. 고민될 때는 일단 시작해보는 것도 나쁘지 않다. 시작하면서 보완해도 늦지 않다.

환자는 어디에나 있다

평생 살면서 한 번도 아프지 않은 사람이 있을까? 아마 그런 사람은 이 세상에 없을 것이다. 건강보험공단의 자료에 따르면 1년에 한 번이라도 병원을 찾아간 환자 수가 4,700만 명이라고 한다. 대한민국 사람의 대부분이라고 할 수 있겠다. 학교 다닐 때 선배들이 "실력만 있으면 산꼭대기라도 환자가 찾아온다"라는 우스갯소리를 자주 했다. 그만큼 아픈 환자는 많은데 잘 치료해주는 의사는 많지 않다는 뜻이기도 하겠다.

환자들이 병원을 찾기 전에 공통적인 마음은 '불안'이다. '과연 잘 치료해주는 의사가 있을까?', '내 병은 여기서 나을 수 있을까?', '혹여라도 과잉 진료는 하지 않을까?' 등 몸이 아프면 온갖 생각이 든다. 아프면 마음도 약해지게 된다. 이런 상황에서 마음을 알아주는 의사를 환자들은 원하고 있다.

나는 어렸을 때 그런 의사를 만난 적이 있다. 중학생 때 '특발성 폐질환'이라는 병에 걸린 적이 있는데, 한 발자국만 걸어도 숨쉬기가 힘든 병이었다. 교실로 올라가는 계단에서 여러 번 피를 토하기도 했다. 당시 부산의 모든 대학병원을 찾아갔지만 마땅한 치료 방법이 없었다. 서울대병원의 호흡기내과 교수님을 찾아가기도 하고, TV에 나오는 유명한 병원과 한의원을 백방으로 찾아다니기도 했다. 당시 우리 부모님은 하나밖에 없는 아들을 살리기 위해 무슨 일이라도 다 하려고 했다고 한다. 심지어는 유명한 무당을 찾아가서 굿을 하기도 했다. 당시 증상이 심해지면 병원에 입원했다가 조금 나아지면 퇴원해서 스테로이드를 복용하곤 했다. 몇 년간 그렇게 반복하고, 여러 번 재발했다. 그때의 내 사진들을 보면 스테로이드를 과량 복용해서 얼굴이 퉁퉁 부었던 '문 페이스(Moon face)' 사진들이 많다. 당시 병원에 입원해 있으면서 코에 산소호흡기를 꽂고 가쁜 숨을 몰아쉬면서 "어머니, 차라리 이렇게 살 바에야 죽고 싶어요"라고 말했던 기억이 난다. 어머니께는 얼마나 비수 같은 말이었을까. 어머니는 그날 하루 만에 머리가 하얗게 세었다고 지금도 가끔 말씀하신다.

큰 병원을 찾아가도 바쁜 진료 일정 속에 의사들은 진료차트만 쓱 보고, 약 처방을 내리고는 끝이었다. 약 처방도 항상 구성이 비슷했다. 진해거담제, 소염제, 소화제 등 우리나라에서 가장 유명하다는 대학병원을 찾아가도 비슷했다. 많은 환자를 봐야 병원이 유지되는 구조에서는 오랫동안 환자를 붙들고 자세한 상담을 하기가 힘들었다.

그러던 중 아버지께서 신문에서 본 유명하다는 서울의 한 한의원을 찾아가게 되었다. 손에 쥐는 물건들을 가지고 테스트해서 난치병을 치료하는 한약을 짓는다고 했다. 원장님은 나를 진맥해보시더니 말씀하셨다.

"아무래도 영양소 부족에서 오는 문제 같은데, 제가 잘 아는 병원이 있으니 한번 찾아가보세요."

그때 소개해주신 곳이 김형일 박사님이 운영하시는 '서울 메디칼 랩'이라는 곳이다. 혈액검사를 하더니 박사님께서는 갑자기 두꺼운 의학서적을 펼치셨다. 그러고는 맨 뒷장에서 2번째 장을 펼치셨다.

"여기 책을 보면 나와 있지요. 이 아이의 질환은 철분이 부족해서 온 병입니다. 철분제랑 치모모둘린(면역강화제)을 같이 복용하면 낫습니다. 아주 쉬운 건데 의사들이 많이 놓쳐요."

반신반의했던 나는 처방해준 약을 먹고 목에 계속되던 피가래가 멎고 기침이 좋아지는 걸 느꼈다. 그리고 몇 달도 되지 않아 스테로이드를 끊고 정상적인 생활을 할 수 있게 되었다. 드디어 3년 동안 나를 괴롭혔던 병에서 해방될 수 있었다. 내 생명의 은인이신 김형일 박사님께 다시 한번 이 지면을 빌려 감사드린다.

그때 경험이 어찌 보면 한의대로 가는 계기가 되었을지도 모른다. 의

대나 한의대에 진학해서 언젠가는 훌륭한 의사가 되어 아픈 사람들을 고쳐주고 싶었다. 내가 그때 힘든 질환과 싸워서 이길 수 있었던 것은 부모님의 숭고한 마음이 있었기 때문이다. 부모님이 아니었다면 나는 이미 그때 죽은 목숨이었을 것이다. 아들을 꼭 살려야겠다는 부모님의 간절한 마음이 나를 살린 생명의 은인을 만날 수 있게 했다. 한 번도 아프지 않았던 사람은 아픈 사람의 마음을 이해하기 힘들다. 나 또한 크게 아프고 나서 비로소 아픈 사람의 마음을 조금이나마 이해하게 된 것 같다.

'빈래소귀(嚬來笑歸)'라는 말이 있다. 찡그리고 찾아온 사람을 웃으며 돌아가게 한다는 말이다. 한의원에서 진료하면 매일 찡그리면서 찾아오는 환자들을 만날 수밖에 없다. 하지만 환자들이 우리 한의원을 나설 때는 웃으며 나갈 수 있도록 하는 게 나의 목표다.

"원장님 덕분에 좋아졌습니다."

"치료하고 나니 정말 날아갈 것 같습니다."

이 한마디가 나를 춤추게 하고, 힘들어도 즐겁게 한의원을 할 수 있게 해준다. 돈만 벌기 위해서 한의원을 운영한다고 생각하면 지쳐서 며칠도 제대로 하기 힘들 것이다. 사회에 기여하고 사람들에게 행복을 준다는 즐거움이 내적 동기가 되고, 꾸준히 지속할 수 있는 힘을 만들어 주는 것 같다.

한편, 잘 낫지 않는 환자들을 만나면 마음이 초조해지기도 한다.

"원장님 2주일이나 치료받았는데, 왜 하나도 안 낫습니까?"

"치료해도 맨날 똑같습니다."

이런 이야기를 들으면 더 잘 치료해드려야겠다는 생각도 들면서, 한편으로는 마음이 무거워지기도 한다.

"원래 오래 치료해야 하는 병인데, 벌써 그러면 우짭니까? 꾸준하게 석 달은 침 맞아보이소."

억지로 웃으면서 이렇게 이야기는 하지만, 나 또한 마음 같아서는 빨리 병이 낫게 해주고 싶고, '일도쾌차'의 기적을 일으키고 싶다. 하지만 그렇지 않은 병도 있는 것을 어쩌겠는가? 환자에게 정확한 설명을 해주고, 스스로 치료에 참여하게 해야 한다. 꾸준히 치료받도록 이끌어주어 최대한 치료 효과를 볼 수 있게 도와주는 것도 의사의 역할이 아닐까 한다.

한의원에서 진료하면서 가장 많이 하는 질문이 "어떻게 오셨습니까?"일 것이다. 보통은 "여기가 아프다, 저기가 아프다" 딱 잘라 이야기하는 사람도 있지만, "별로 아픈 데는 없는데 집사람이 가자고 해서 왔어요"라고 이야기하는 사람도 있다. 주로 한의원을 처음 오는 남자 환자들이 이런 경우가 많다. 효과를 본 아내의 성화에 못 이겨 한의원에 오게 된 케이스다. 보통 남자들은 자존심 때문에 아파도 아프다는 말을 잘 안 한다. 정말 죽을 만큼 아파야 한의원에 온다.

그런데 이렇게 하나도 안 아프다는 사람도 진맥하다 보면 온갖 병들이 다 튀어나온다. 누워서 목을 만져보면 한쪽이 틀어져 있기도 하고, 만져보면 살짝 눌러도 압통이 있다. 비장(脾臟)의 문제인 경우는 대포(大包)혈에서 압통이 나타난다. 스트레스의 경우는 심포(心包)와 연관된 소흉근(小胸筋)에서 압통이 나타난다. 두통의 경우는 풍지(風池)에서 압통이 나타난다. 그런가 하면 스트레스로 인해 한쪽 근육이 수축해서 몸의 좌우 균형이 틀어지기도 한다.

"혹시 그동안 목이랑 어깨가 안 아프셨어요?"

"음, 그리고 보니까 얼마 전부터 목이 좀 뻐근하고 안 좋았던 것 같네요. 그런데 어떻게 아셨어요?"

세상에 하나도 안 아픈 사람은 거의 없다고 보면 된다. 환자는 어디에든 있다. 평소 아프지만 자기가 아프다는 걸 자각하지 못하는 사람도 많다. 병이 되어가는 중간 단계인 경우도 있다. 한의학과 양의학의 차이점 중 하나가 바로 '미병(未病)'이라는 개념이다. 아직 병은 아니지만 그대로 놔두면 병이 되는 상태를 말한다. 미병을 진단하는 기준은 아주 많다. 피로감도 건강의 지표가 될 수 있으며, 입맛도 소화기의 문제를 반영해주기도 한다. 맥은 물론이고 대소변과 수면, 식욕, 생리, 땀 등에서도 어느 정도 환자의 몸 상태를 파악할 수 있다. 나 또한 복진과 압진을 통해서 내과 질환의 문제 외에도 근골격계의 문제를 파악하곤 한다.

중국 전국시대(戰國時代)의 명의인 편작은 '치미병(治未病)'하는 의사를 최고의 의사라고 보았다. 병이 나기 전에 미리 예방하고 치료하는 의사야말로 최고의 의사라고 할 수 있다는 것이다. 그런 의사가 되는 것이 나의 꿈이다. 나도 누군가의 도움을 얻어 지금의 생명을 다시 얻었듯이, 나도 언젠가 누군가에게 그런 도움을 주는 사람이 되고 싶다. 그러기 위해서는 무엇보다도 환자의 마음을 잘 아는 사람이 되어야 하겠다. 따뜻한 한마디와 공감, 이해가 중요할 것이다. 또한 잘 치료하는 의사가 되기 위해 평생 환자를 통해 배우고 공부해야 할 것이다.

환자는 어디에나 있지만, 치료 잘하는 의사는 흔치 않다. 어떤 이에게는 그런 의사를 만난 것이 평생의 행운이 될 수도 있다. 누군가에게 평생 기억되는 그런 의사가 되길 바라며 나는 오늘도 마음을 다지며 출근한다.

환자의 마음,
의사의 마음

'동상이몽(同床異夢)'이라는 말이 있다. 한 침대에서 다른 꿈을 꾸고 있다는 말이다. 우리는 살면서 동상이몽을 꿀 때가 많다. 남편과 아내가 그런 경우도 있으며, 부모와 자식이 그럴 때도 있다. 병원에서 의사와 환자의 관계도 마찬가지다. 환자는 항상 불안하다. '여기서 치료될 수 있을까?', '비용은 바가지를 쓰진 않을까?', '얼마나 치료해야 할까?'를 늘 생각한다. 반면, 의사는 '내가 어떻게 하면 이 사람을 치료할 수 있을까?', '치료하려면 한약이 필요한데 비싼 치료를 권하면 거부하지 않을까?', '치료하다가 부작용이 나면 어떻까?' 등을 생각하게 된다.

환자가 불안한 것은 당연하다. 아무래도 내 몸을 믿고 맡기는 일이라 더 그럴 것이다. 이왕이면 더 나은 의사에게 치료받고 싶고, 더 좋은 치료를 받고 싶은 게 사람의 마음이다. 예전에는 병원이 많지 않은 시절이 있었다. 그리고 의사와 환자들의 정보 비대칭이 심했던 시절이 있었다. 그때는 의사가 처방해주는 대로 환자는 따라갈 수밖에 없었다. 하지만 지금은 갈수록 선택지가 넓어지는 상황이다. 어디서 무슨 치료를 하는지 환자들은 미리 다 검색해서 온다. 다른 한의원과 비교하고 온다. 어디가 더 좋은 곳일까? 믿었으면 모든 것을 맡기는 것도 좋은 방법이다. 믿고 맡기는 환자에게 의사는 더 최선을 다해 치료해드릴 수 있다.

처음 부원장을 뽑았을 때 그랬다. '전대성 한의원'이라는 내 이름을 걸다 보니 환자들이 나에게만 치료받으려고 했다. 나는 그래서 일부러 원장, 부원장이라는 명칭 자체를 없앴다. 1과 원장, 2과 원장 이렇게 과로 나누었다. 그런데도 환자들은 1과로만 진료받길 원했다. 본능적으로 1과가 더 잘하리라고 생각하기 때문이다.

"전대성 한의원인데 전대성이한테 치료받아야지, 왜 다른 원장님을 배정해주는교?"

"이번에 오신 원장님이 저보다 더 침 잘 놓는 원장님이십니다. 공부도 많이 하셨구요. 치료 한번 받아보세요, 어머님."

"에이, 그래도 전대성이 한의원인데 그럴 리가 있나? 그냥 나는 원장님한테 받을라요. 원장님이 치료해주소."

이렇게까지 이야기하는 분들은 웬만하면 1과로 배정해드렸지만 한계가 있었다. 모든 환자를 그렇게 본다면 부원장을 뽑는 의미가 없어지기 때문이다. 나 또한 환자가 몰리면 제대로 된 치료를 해드리기 힘들다. 부원장도 마찬가지로 하루 내내 환자가 없으면 '내 실력이 부족해서 그런가?' 하는 자괴감이 들고 자존심이 상할 수 있다.

초진을 나누는 것에 대해 많이 고민이 되었다. 처음에는 랜덤하게 과를 나누었지만, 이후에는 환자의 요청에 따라 배정했다. 환자가 무엇을 원하는지가 중요하다. 보통 '이용객' 환자들은 과를 크게 따지지 않는다. 그리고 빠른 치료를 원한다. 이런 분들은 어떤 원장에게 받든 빠르게 치료받을 수 있도록 하는 게 우선이다. 반면 '운명론자' 환자들은 절대적으로 과를 따지기 때문에 이런 분들의 특징은 원장을 보고 멀리서 찾아왔는데 데스크에서 다른 원장에게 배치하면 섭섭한 마음을 가지게 된다.

따라서 초진 내원 시에 내원 경로를 정확히 파악하는 것이 필수였다. 어떻게 우리 한의원에 오게 되었는지, 소개인지, 간판을 보고 온 건지, 또는 인터넷으로 찾아서 온 건지 등을 파악하고 데스크에서 초진별로 과를 나누어 배정했다. 그때는 불과 2개의 과였지만, 과가 4개로 늘어난 지금은 더 그렇다. 어떤 환자를 배정하든 환자가 만족할 수 있도록 하는 것이 중요하다.

여러 과를 운영하기 위해서는 의료진의 역량을 끌어올리는 것이 중요하다. 어떤 원장이 되더라도 '치료를 잘 받았다'라는 느낌이 들게 해야 한다. 그러기 위해서는 의료진에 대한 끊임없는 교육과 회의 등을 통해 모든 원장이 어느 수준 이상의 치료 실력을 갖춰야 한다. 나는 매주 고객 응대와 관련한 MOT 회의와 1달에 한 번씩 의료진 스터디를 통해 최대한 고른 수준의 치료를 할 수 있도록 노력했다.

당시 부원장도 공중보건의를 마치고 처음으로 입사한 곳이 우리 한의원이었다. 첫 경험은 원형이 된다. 나 또한 무의식중에 내가 처음 부원장으로 일했던 한의원의 방식대로 진료하고 있었다. 차트를 쓰는 방식, 처방전을 쓰는 방식도 처음 부원장으로 일했던 방식대로였다. 내가 부원장을 뽑았다는 것은, 단지 함께 진료하는 직원이자 동료를 구했다는 의미만은 아니었다. 이 친구가 일하면서 겪는 경험들은 앞으로 평생을 가게 될 기억과 경험이 될 것이다. 그래서 첫 경험이 중요하다. 이 친구의 인생에 최대한 도움이 될 수 있도록 나도 노력해야 할 것이었다.

하지만 나 또한 처음 뽑은 부원장이었다. 미숙한 점이 많았다. 지금 같으면 부원장 스스로 더 동기부여를 할 수 있도록 충분한 인센티브를 줄 것이다. 하지만 그때는 정해진 급여에 오로지 열정만으로 근무했다. 함께 서울의 강의까지 다니며 1년간 같이 공부했던 친구다. 항상 우리 마음의 중심에는 환자가 있었다. '어떻게 하면 잘 치료할 수 있을까?' 생각하고 연구했던 것 같다. 그 좋은 동기를 잘 이끌어가게 해주는 것은 대표 원장의 몫이었다. 그런데 원장은 환자가 늘면 그만큼 수입을 얻지만, 부원장은 그렇지 않다. 환자가 늘고 매출이 올라가면 그만큼 급여에도 즉각 반영해주어야 한다. 그것이 타이밍이다. 자본주의에서 일한 만큼 노력의 대가를 바라는 것은 당연한 일이다. 그것이 아깝다고 미적거리게 되면 훌륭한 직원은 떠나게 된다. 나는 당시 그것을 잘 몰랐다.

그래도 첫 부원장은 3년을 꽉 채울 때까지 일해주었다. 항상 이 친구에게 감사한 마음을 가지고 있다. 부원장과 함께 진료한 이후 우리 한의원의 매출은 급속도로 성장해나갔다. 1, 2과 체제도 처음에는 미숙했지만, 점차 안정되어갔다. 2과 환자들도 계속해서 늘었고, 치료를 받고 좋아졌다는 이야기가 많이 들렸다. 어떨 때는 1과보다 2과 환자가 더 많을 때도 있었다.

환자를 상담할 수 있는 충분한 시간을 확보했던 것은 물론이고, 부원장의 진료 능력까지 뒷받침되니 하나의 한의원 안에 2개의 한의원이 있는 효과를 냈다. 나 혼자서 했다면 항상 진료 시간의 부족 때문에 허덕였을 것이다. 시간을 확보했기 때문에 약 상담을 하고, 추나를 하면서 더 많은 매출을 올릴 수 있었다. 환자들의 만족도도 올라갔다.

재미있는 것은 약 환자는 약 환자를 소개해주고, 침 환자는 침 환자를 소개해준다는 것이다. 한약을 드시고 좋아지자 가족까지 총출동해 한약을 지으러 온 환자도 있었다. 이런 단골 환자가 쌓이면 쌓일수록 우리 한의원은 더욱더 단단해져갔다.

나는 돈이 많은 부자가 아니라 시간이 많은 부자가 진짜 부자라고 생각한다. 내가 없이도 돌아가는 시스템을 만드는 것이 중요하다. 그러기 위해서는 나의 역할을 누군가 할 수 있어야 한다. 진료에 해당하든, 경영에 해당하든, 인사 관리에 해당하든 나의 분신 같은 역할을 해줄 수 있는 사람이 있어야 한다. 《삼국지》의 유비가 과연 장비처럼 싸움을 잘 했을까? 제갈공명처럼 지력이 뛰어났을까? 유비는 모든 면에서 부족한 점이 많은 사람이었다. 하지만 유비는 관우나 장비, 조운과 같은 맹장들과 제갈공명 같은 책사들에게 모든 것을 맡겼다. 또한 마음으로 이끌었다. 결국 유비는 촉나라의 황제가 될 수 있었고, 삼국지의 영웅으로 남아 있다. 훌륭한 리더는 모든 것을 믿고 직원들에게 마음으로 맡기는 사람이다. 믿고 맡기는 것이 오히려 더 나은 결과를 가져올 때가 많다.

가끔 직원들의 행동을 보면 '아, 내가 더 잘할 수 있는데…'라는 생각이 들 때가 많다. 하지만 그렇다고 내가 모든 걸 맡아버리면 결코 나는 다른 일을 할 수 없다. 예를 들어 한의원 비품이나 물건을 사는 일도 그렇다. 내가 검색해서 구매한다면 조금 더 저렴하게 살 수 있는 물건을 직원들은 더 비싸게 사기도 한다. 그렇다고 내가 물건을 사는 데 시간을 투자하기보다는 차라리 조금 더 주더라도 직원들에게 맡기는 게 낫다. "믿기 전에는 신중해야 하지만 한번 믿으면 모든 것을 맡겨라"라고 이야기했던 삼성의 고(故) 이건희 회장의 말씀을 기억한다. 부원장들을 믿고 맡기며 함께 성장할 수 있는 구조를 만드는 것이 오너의 역할이라고 생각한다. 지금도 부족한 점이 많지만 앞으로 계속해서 나는 그런 구조를 만들기 위해 노력할 것이다.

이후로 환자분들이 와서 "나는 전대성이한테 치료받으러 왔는데 왜 다른 과로 배정해줍니까?" 하고 이야기하면 나는 단호히 말씀드린다.

"전대성이만큼 잘하시는 원장님들이요. 맞아보고 효과 없으면 다시 내한테 오소."

믿는다, 부원장님들. 화이팅!

즐겁게 일하면서
돈 버는 방법

　당신은 당신의 일을 즐기면서 하고 있는가? 대부분의 사람이 이 질문에 바로 "그렇다"라고 대답하기가 쉽지 않을 것이다. 일을 즐기면서 하는 사람도 있겠지만, 먹고살기 위해서 어쩔 수 없이 일하는 사람도 많다. 주위 친구들의 이야기를 들어보면 '별 보고 출근해서 별 보고 퇴근한다는' 이야기도 종종 듣는다. OECD 국가 중에 연간 근무 시간이 멕시코와 코스타리카 다음으로 많은 나라가 우리나라라고 한다. 그만큼 한국인은 '일 중독' 상태인 경우가 많다. 그런데 그 일을 정말 즐겁게 하는 사람들이 과연 얼마나 될까? 아마 그리 많지 않으리라고 본다.

　최근에 주목을 받고 있는 키워드가 '파이어(FIRE, Financial Independence, Retire Early)족'인데, 그들은 경제적 자유를 달성해서 일찍 은퇴하는 사람들을 말한다. 아마 많은 사람이 파이어족이 되고 싶다는 꿈을 가질 것이다. 나도 '싱글 파이어'라는 유튜브 채널을 종종 본다. 주식이나 부동산, 코인 등의 투자나 사업으로 크게 성공해서 일찍 은퇴하고 자유를 누리는 사람들의 인터뷰가 주된 내용이다. 누구나 조금만 일하고 많은 돈을 벌고 싶다. 누구나 성공한 삶을 살아가고 싶다. 일(Work)과 인생(Life)의 밸런스를 의미하는 신조어인 '워라밸'은 많은 사람의 로망이다. 대부분의 사람들이 성공도 중요시하지만 워라밸도 중요하게 생각한다. 하지만 내가 과거 만나본 성공한 사람들은 현재를 위해서 과거의 워라밸을 포기했던 사람들이 많았다. 당장 나의 대(代)가 아니더라도, 이전의 대라도 누군가 노력하고 땀 흘렸던 결과가 지금의 '파이어'를 이루어내는 바탕이 되었다.

나 또한 부끄럽지만, 한때 부자들을 욕하고 경멸했던 때가 있었다. 부자들은 불법적이고 부정한 방법으로 축재했고, 가난한 서민들을 등쳐먹어서 부자가 되었다고 생각했다. 하지만 내가 만나본 부자들은 아주 극소수를 제외하고는 대부분 그렇지 않았다. 부자들이 오히려 더 너그럽고 성실했으며, 바르고 합리적이고 실용적인 사람들이 많았다. 오히려 TV 방송이나 드라마에서 등장하는 부자의 모습이 왜곡되어 나오는 경향이 많은 것 같다. 부자들보다는 서민들이 많기에, 그래야 많은 사람이 드라마를 보면서 속이 후련하고 시청률이 올라갈 것이기 때문인 것 같다.

'사장 한 명이 직원 아홉 명의 일을 한다'라는 말이 있다. 나 또한 개원 초반에 일은 쌓여 있고 진료 시간은 끝이 나지 않았다. 진료는 7시에 마쳤지만 외래 진료의 차팅을 끝내고 나서 한약 환자들의 복용법을 쓰고 나면 최소 밤 9시를 넘기기 일쑤였다. 약이 밀려 있는 날은 더 심했다. 입원실을 오픈하고 나서는 일이 몇 배 더 늘어났다. 입원환자의 차팅까지 마무리하고 나면 밤 12시가 넘어 퇴근하기도 했다. 그때는 '왜 내가 괜히 입원실을 오픈해서 이렇게 잠까지 못 자나' 하는 생각이 들기도 했다. 그때 내게 워라밸 따위는 없었다. 하지만 내 일이었기에 밤을 새워서라도 해야 했다.

개원 초기만 해도 빨리 돈을 벌어야 한다는 생각이 많았다. 그러면서도 비싼 치료에 대해서 스스로 묶여 있었다. 돈에 마음이 묶여 있으니 환자들도 귀신같이 눈치챘다. 환자에게 필요한 치료를 설명해야 하는데, 오히려 내가 돈에 마음이 묶여 있으니 쉽게 이야기하지 못했다. "약을 드셔야 합니다"라는 이 한마디가 어찌나 힘들던지. 나는 환자를 위한답시고 환자가 부담될까 싶어 약을 권하지 못한다고 스스로 위로했지만, 사실은 환자가 아니라 '내'가 부담스러워서 환자에게 권하지 못했던 것이었다. 나는 환자에게 약을 권하지 않는 '착한 의사 아이덴티티' 속에 갇혀 있었다. 하지만 환자는 착한 의사를 원하는 게 아니라 자신의 병을 잘 고쳐주는 의사를 원했다. 치료만 된다면 비싼 비용을 지불하고라도 낫고 싶어 하는 사람들이 많았다. 나는 그런 사람들의 수요를 놓치고 있었다.

'돈 그릇을 키워야 한다'는 말이 있다. 내가 돈 그릇이 커지면 그만큼의 금액에 대해서 언제든지 쉽게 이야기할 수 있다. 내가 10만 원, 20만 원에 벌벌 떤다면 환자에게도 10만 원, 20만 원짜리 치료를 권해줄 수가 없다. 당시 나는 단돈 1,000만 원에 한의원을 인수한 상황에서 큰 돈을 쓰는 것에 대해 두려움을 가지고 있었다. 체지방 검사기기인 인바디를 단돈 십만 원이라도 싸게 사려고 서울까지 가서 100만 원에 업어오기도 하고, 맥박 검사기를 반값에 사기 위해 부산 전역을 검색해서 중고로 15만 원에 가져오기도 했다. 나는 적은 돈에 민감했기 때문에 환자에게도 비싼 치료를 쉽게 권하지 못했다.

그런데 환자들과 이야기해보니 생각보다 비싼 돈을 펑펑 쓰고 있었다. 통증의학과에서 1회에 10만 원짜리 프롤로 주사를 30회에 250만 원에 끊어서 치료받고 있는가 하면, 30만 원 하는 영양제도 여러 종류를 사드시고 있었다. 한 번 찍는데 60만 원씩 하는 MRI도 수시로 찍고 있었다. 이런 환자들 앞에서 나는 한 번에 15,000원 하는 약침이나 22만 원 하는 한약 한 제도 쉽게 권하지 못했던 것이었다. 중요한 것은 '왜(Why)?'다. 환자가 왜 이 치료를 받아야 하는지? 무엇 때문에 이 정도 비용이 발생하는지? 그 이유에 환자가 수긍할 수 있어야 했다. 프롤로나 MRI 모두 그런 부분에서 환자들을 만족시킬 수 있었기 때문에 환자들이 거부감 없이 비용을 내는 것이다.

이후로 환자에게 치료에 대해 내가 아는 범위에서 최대한 설명해보자고 생각했다. 그리고 환자가 원하는 것이 무엇인지 자세히 살폈다. 환자는 무의식중에 자신이 아픈 곳을 온몸으로 표현한다. 이미 진료실에 들어오는 순간, 이 환자의 문제가 무엇인지를 50%는 알 수 있다. 허리가 아픈 환자는 허리를 짚으면서 들어오고, 무릎이 아픈 환자는 무릎을 짚으면서 들어온다. 왼쪽 어깨가 아픈 사람은 "제가 어깨가 아파서요"라고 말하면서 무의식중에 자신의 왼쪽 어깨를 손으로 가리키고 있다. 이런 환자에게 "왼쪽이 많이 아프신가 보네요"라고 이야기하면 "어떻게 아셨어요?"라고 화들짝 놀란다. 한의학에서도 망문문절(望聞問切, 보고, 듣고, 묻고, 맥을 짚는 한의학의 진단 방법)의 사진(四診) 중에서도 망진(望診)이 가장 직관적이면서도 가장 중요한 진단 방법이라고 본다. 망진을 통해 대략적인 문제를 파악하고, 절진(切診, 손가락 끝으로 환자를 짚거나 눌러보며 진찰하는 방식)과 복진(腹診, 복부를 절진하는 방식)을 통해 어디의 문제인지 좀 더 자세히 파악할 수 있다. 초진 환자일수록 특히 문진(問診)에도 많은 시간을 쏟아야 한다. 생각지도 못한 곳에서 병의 원인을 발견하게 되는 경우도 많기 때문이다.

이렇게 자세히 진단한 결과를 바탕으로 앞으로 어떻게 치료할 것인지에 대한 환자의 치료계획서를 썼다. 현재의 질환, 증상이 발생하게 된 원인을 이야기해주었다. 또한 내가 제시하는 치료 방법에 대해서도 써주었다. 한약이 필요한 환자에게는 한약이 필요하다고 말했다. 사람들은 말로 하는 것보다 보여주는 걸 훨씬 더 잘 믿는다. "당신의 허리가 안 좋네요"라고 백번 이야기하는 것보다 "MRI상 4번, 5번 허리 척추가 좁아서 신경을 누르고 있네요"라고 이야기해야 믿는다. 환자와 상담할 때는 진단 내용을 아무리 이야기해줘도 그 자리에서 절반은 잊어버리는 경우가 태반이다. 하지만 치료계획서는 그 자리에서 스캔해서 환자의 핸드폰으로도 발송되기 때문에 절대 잊히지 않는다. 환자는 다음에 내원할 때라도 어떻게 치료할지 결정하게 된다. 나는 의사로서 진단한 결과와 앞으로의 치료계획을 제시해주었고, 결정하는 것은 환자의 몫이었다. 이 치료계획서는 놀라운 결과를 이끌어냈다. 환자들의 재진율이 높아졌음은 물론이거니와, 한약 매출 또한 상승했다. 치료율 또한 높아졌음은 물론이다. 한두 번 치료받고 왜 안 낫느냐 하고 떨어져 나가는 환자들이 사라졌다. 의사와 환자 사이의 소통을 통해 한의원이 한 단계 더 발전하는 계기가 되었다.

환자를 잘 치료해주는 것만큼이나 환자와 잘 소통하는 것도 중요하다. 잘되는 한의원을 가보면 의사와 환자 사이가 거리낌이 없었다. 환자와 논다는 생각으로 이야기하는 원장님들도 있다. 아픈 사람은 자기의 이야기를 하고 싶어 한다. 이야기를 들어주고, 공감해주고, 가족관계를 알고, 물어봐주니 환자들은 또 다른 환자를 모시고 왔다. 이런 라포가 형성되면서 앞으로 어떻게 환자를 치료해줄 것인지에 대한 의사의 확신과 계획, 그리고 환자의 의사에 대한 믿음이 환자를 낫게 한다고 생각한다. 원장의 기세와 환자의 믿음, 그리고 훌륭한 치료, 이 3박자 안에서 한의원이 계속해서 성장해나갈 수 있는 것이다.

독서와 함께
성장해나가는 한의원

나는 원래부터 책을 좋아하는 아이였다. 도서관이 많지 않았던 어렸을 적, 집 근처의 책 나눔터에서 매일 책을 빌려 와서 읽는 것이 나의 일상이었다. 초등학생 때는 하루도 빠짐없이 일기를 써서 90권의 일기장을 만들기도 했다. 가만히 어릴 때 내가 매일 했던 놀이를 생각해본다. 나는 A4용지를 호치키스로 찍어 '도서출판 대성'이라고 만들고 거기에 글을 쓰거나 만화를 그렸다.

그런데 중학교, 고등학교, 대학교에 들어가고 나서 책 읽기는 사장(死藏)된 습관이 되어버렸다. 대학교를 졸업하고 나서는 한의원을 개원하고, 가족을 먹여 살리는 일에 하루하루 몰두하다 보니 어느샌가 책 읽기는 까맣게 잊고 말았다. 그토록 책을 좋아하던 내가, 책은 1년에 한두 권 읽을까 말까 한 것이 되어버렸다.

그러던 중 4년 전쯤 동네 도서관에서 김경태 작가의 《일 년만 닥치고 독서》라는 책을 읽게 되었다. 이 책은 나에게 독서에 대한 강한 동기부여가 되었다. "왜 책을 읽어야 하나?"에 대한 답을 해주었다. 책은 오롯이 저자의 모든 지혜를 녹여낸 산물이다. 책을 읽는다는 것은 싼 가격에 저자의 삶의 지식과 노하우를 가장 빠르게 흡수하는 방법이다. 그 분야의 전문가가 되려면 어떻게 하면 될까? 그 분야의 책을 30권에서 100권 정도 읽으면 된다. 저자들이 책에서 이야기하고 있는 것 중에 공통적인 부분도 있고, 겹치지 않는 부분도 있다. 공통적인 부분은 계속 반복해서 나오기 때문에 읽으면서 저절로 습득된다. 겹치지 않는 저자의 인사이트나 생각을 그 책에서 단 한 가지씩만 얻어가도 책값 이상은 한다. 그러므로 책을 읽는 건 가장 적은 투자로 가장 많은 것을 얻는 방법이라고 하겠다.

독서에 대해 동기를 주는 책으로 여러 권 읽고 나니 앞으로 어떤 책을 읽어야 할까에 대해 생각했다. 당시 내가 가장 관심이 가는 분야는 마케팅과 경영이었다. 이제 막 부원장을 두고 한의원을 확장해나가는 단계였기 때문에, 어떤 마인드를 가지고 경영해야 하는지에 대한 생각을 많이 했다. 나는 스스로 경영을 잘한다고 생각했지만 책에서 수많은 경영자를 만나고 보니 전혀 그렇지 않았다. 나는 동네 구멍가게 한의원을 하고 있는 우물 안 개구리일 뿐이었다. 정말 경영은 타고난 사람들이 많았다. 경영은 사람들과의 친화력에서부터 시작해, 인력 관리, 마인드 셋팅, 실천력까지 모든 능력이 필요한 분야였다. 무일푼으로 시작해서 성공하고, 큰 기업을 이루어낸 사람들의 이야기는 언제나 나를 가슴 뛰게 했다.

위대한 기업들의 성공 철학이 담긴 책부터 읽었다. 주홍식 저자의 《스타벅스, 공간을 팝니다》라는 책에는 시애틀의 한 커피 가게로만 머물 수 있었던 스타벅스를 하워드 슐츠(Howard Schultz)가 어떻게 지금의 거대한 커피 제국으로 만들 수 있었는지 대한 이야기가 담겨 있다. 스타벅스는 '커피를 팔지 않고 공간을 판다'라는 사명 아래 지금까지 성장해왔다.

초기에 슐츠는 이탈리아 밀라노를 여행하면서 '일 지오날레'라는 커피숍을 보고 누구나 편하게 에스프레소를 마실 수 있는 커피 바를 꿈꾸었다. 그곳에서 자유롭게 대화하는 사람들을 보고 커피는 단지 매개체일 뿐이며, 공간과 연결이 중요하다는 것을 깨달았다. 그렇게 시작된 스타벅스는 지금 전 세계 32,000개의 매장 수와 순수익 20조 원을 자랑하는, 전 세계의 커피 업체 중 독보적인 위치를 차지하고 있다. 스타벅스의 가장 큰 힘은 바로 직원 즉, '파트너'에서 나온다고 책에서는 이야기한다. 그래서 스타벅스에서는 파트너가 즐겁게 일하고, 직장에 대해 자부심을 가지고 일할 수 있도록 해준다. 직장에서 따뜻한 배려를 받은 직원은, 고객들에게도 따뜻하게 대한다. 고객은 다시 그 기업에 대해서 더 좋은 이미지를 가지게 되고, 다른 고객들에게도 그 이미지를 전한다. 이는 선순환이 되어 긍정적인 피드백 효과로 이어진다.

한의원에서 환자를 대하는 상황에서, 힘들고 지칠 때도 있다. 하지만 환자에 대한 따뜻한 마음과 배려, 그리고 우리는 최고의 기술을 갖추고 있고, 최고의 한약만을 쓴다는 자부심, 그리고 병이 낫도록 스스로 치료할 수 있도록 도와주는 정성, 이런 것들이 사람들에게 최고의 한의원으로 인식되는 계기가 아닐까 생각한다. 지금까지 스타벅스가 성장할 수 있었던 힘은 혁신과 애정, 배려였다. 한의원도 단지 '치료'를 제공해 주는 곳이 아니라 언제든 따뜻한 배려를 받을 수 있고, 편안한 치료를 받을 수 있고, 가벼운 마음을 얻어갈 수 있는 곳이 되어야 하지 않을까 하고 생각해보게 되었다.

내가 또 감명 깊게 읽었던 책 중의 하나로 천위안(陳禹安) 저자의 《토이리즘》이라는 책이 있다. 이 책은 어떤 상품에 있어서 기본적인 기능을 갖추는 것을 넘어서 사용자의 오감을 자극하고 정신적인 만족을 제공하는 것이 중요하다고 말한다. 기업은 기능에 대한 수요뿐 아니라 흥미, 재미, 멋, 새로운 트렌드 등 더욱 고차원적인 심리적 수요까지 만족시켜야 한다는 이야기다. 그 예로 애플의 아이폰과 테슬라의 전기차가 있는데, 사람들은 기존의 틀을 깨는 감성적인 요소가 있는 제품은 비싼 돈을 내더라도 구매한다. 놀이화, 장난감화 된 제품이 중요하다는 것이다. 이런 토이리즘 전략으로 성공하려면 발상의 전환을 해야 한다. 그리고 소비자의 참여를 적극적으로 유도해야 한다. 거기에 더해 디자인 요소도 중요하다. 예쁜 '머스트 해브(Must have)' 아이템이 되어야 사람들이 구매하게 되는 것이다. 나는 이 책을 읽고 나서, 한의원에서 환자들이 직접 참여할 수 있는 프로그램은 어떤 것이 있을까 생각했다. 그런 고민 끝에 치료를 받고 좋아진 분들에게는 치료 후기를 적극적으로 권유하고, 약침이나 도침, 한약 패키지 프로그램 등 적극적으로 환자가 참여할 수 있는 프로그램을 도입하게 되었다. 또한 직원을 채용할 때, 아예 처음부터 디자인을 전공한 분을 채용해서, 원내 게시물의 디자인, 블로그와 인스타그램의 디자인, 한의원의 한약과 상비약의 디자인을 맡기게 되었다.

《책 읽고 매출의 신이 되다》라는 책은 '와룡봉추' 코너로 유명한 개그맨 고명환 씨가 쓴 책이다. 그는 책을 읽으며 얻은 지혜들을 가게에 도입하면서 매출을 극적으로 올릴 수 있었다고 한다. 나는 이 책을 즐겁게 읽었는데, 특히 책의 내용 중 고객 응대에 대한 부분이 기억에 많이 남는다. 경영학에서 '미러링 언어'라고도 말하는 방식인데, 고객이 말하는 것을 한 번 더 말하고 응대하는 방법이다. 또한 상대와 나와의 공통점을 찾아 이야기하는 방법도 호감을 주는 데 좋은 방법이었던 것 같다. 누구든 나와 같은 공통점을 가진 사람에게 마음의 문을 열기 때문이다. 또한, 고객의 특성을 기억하고, 작은 신호도 놓치지 않아야 한다는 내용도 많은 공감이 갔다. 나는 예전에는 내가 하고 있는 진료에 초점을 맞추었지, 환자가 표현하는 언어에는 관심이 없었다. 하지만 책을 읽고 난 이후로는 모든 안테나를 환자에 두기 위해 노력했다. 치료실에 침을 놓으러 들어갈 때는 항상 '소머즈'의 귀로 베드에서 들리는 환자의 소리를 놓치지 않으려고 노력했다. 요청이 있으면 빠르게 반응하고, 응대할 수 있도록 했다. 환자가 원하는 것이 무엇인지, 환자는 그것을 어떻게 표현하려 하는지 생각하기 위해 노력했다.

《설득의 심리학》도 많은 도움을 받은 책 중의 하나다. 한의원에서 환자들과 상담하는 과정도 결국은 설득의 과정이다. 내가 아는 지식으로 설명해도 환자의 마음이 움직이지 않으면 소용이 없다. 설득의 심리학을 한의원 상담에 적용해본 것을 몇 가지로 정리해보면 다음과 같다.

첫째, 환자를 설득하기 위해서는 충분한 시간을 들여 상담해야 한다. 충분한 상담을 하게 되면 환자들도 자신이 낸 비용 이상으로 이득을 얻었다고 생각한다. 그들이 빚진 마음이 들게 해야 한다.

둘째, 일관된 이야기를 해야 한다. 모든 상담은 기승전결로 이루어져야 한다.

셋째, 환자가 설명을 듣고, 이해되고, 마음이 움직이는 동기가 있어야 한다.

넷째, 상담 내용에도 과학적 근거가 있어야 하며, 상대가 어투나 목소리에서 호감을 느낄 수 있도록 해야 한다.

다섯째, 마지막으로 치료의 가치가 얼마나 귀하고 중요한 것인지에 대해서 환자를 설득할 수 있어야 하며, 이후에도 지속적인 피드백을 통해서 치료가 이루어져야 한다. 왜 환자가 우리 한의원에서 치료받아야 하는지에 대해 근원적인 질문이 해결되지 않고는 치료가 이루어질 수 없다. 그런 부분에서 환자의 마음에서 이루어지는 치료에 대한 동의라는 부분은 매우 중요하다.

여러 가지 마케팅 관련 책을 읽으면서 마케팅 방법을 한의원에 직접 도입해보기도 했다. 어떤 책에서는 사람들은 항상 오른쪽으로 돌아가는 습관이 있어서 마트에서는 진열대에 항상 가장 많이 팔리는 제품을 오른쪽에 둔다는 내용을 보았는데, 그 후 나도 데스크를 오른쪽에 배치해서 사람들이 가장 먼저 데스크를 만날 수 있게 했다. 그리고 한의원 입구에서 환자가 처음 들어와서 오른쪽으로 가는 위치에, 밖에서 안이 보이는 탕제실을 배치해 사람들이 한약에 관심을 가질 수 있도록 했다. 또한, 향기 마케팅에 관한 내용을 읽고 한의원의 입구와 화장실 등에 은은한 향수를 배치해 방문하는 환자들의 기분을 좋게 만들었다. 이런 구조적인 배치가 한약의 매출에도 직접적인 도움이 되었다고 생각한다.

최근에 읽었던 책 중에서 기억에 남는 책은 '조조 칼국수' 김승현 대표의 《돈 그릇을 키우는 6가지 방법》이라는 책이다. 그의 여러 생각 중에서도 특히 원가 절감보다는 항상 고객 창출로 주의를 돌려야 한다는 생각에 큰 공감을 느꼈다. 하루에 단 한 팀의 고객이 오더라도 그들이 가게에 좋은 이미지를 가지고 돌아가 자발적으로 입소문을 내는 것이 중요하다고 김 대표는 이야기하고 있다. 사업의 성공은 '비용의 최소화&수익의 극대화'가 아니라 '객수의 최대화&고객 창출의 극대화'라는 그의 말에 무릎을 탁 쳤다. 지금 당장에는 손해일지 몰라도 만족한 환자들이 계속해서 쌓이는 것이 결국 한의원이 성공하는 비결이라는 생각이 들었다.

나는 다양한 책을 읽으면서 저자의 생각과 지식을 빠르게 흡수할 수 있었다. 그리고 그 지혜를 하나씩 대입하면서 한의원도 더 성장해나갔다. 내가 절대 깰 수 없을 것이라고 생각했던 월 매출 4,000만 원의 벽이 깨졌음은 물론이고, 본격적으로 책을 읽고 난 1년 뒤부터는 월 매출 8,000만 원대까지도 올라가게 되었다. 매출의 성장은 물론, 저자들의 지혜들이 한의원에 하나하나 녹아들며 더 나은 한의원이 만들어져 갔다. 책 속에 길이 있고, 진리가 있다고 한다. 어릴 때부터 귀가 따갑게 들었던 이야기였지만, 막상 책이 어떻게 삶에 직접적인 도움이 될지 생각하고 읽지는 않았기 때문에 막연하게 느껴졌을 뿐이다. 하지만 책을 읽으면서 실제로 한의원이 더 잘되고, 변화하는 것을 보면서 나는 더 열심히 책을 읽게 되었던 것 같다.

내가 만들어가고
싶었던 한의원

한때 '번영 프로그램'이라는 과정이 있었다. 한의원 원장님들 중에 경영적으로 힘들어하는 분들을 위한 강의였다. 나도 그 번영 프로그램에 참여했다. 전국에서 모인 원장님들이 한 달에 3~4번씩 회의하고 발표하는 자리를 가졌다. 나는 한의원의 성장에 관심이 많았다. 한의원이 잘될 수 있는 강의라면 어떤 강의든 참여하려고 했다. 여러 원장님이 프로그램에 참여했는데, 그중에서 잘나가는 원장님은 부원장을 뽑고, 평균 환자 수도 하루에 70명 이상이라고 했다. 월 매출도 5,000만 원을 넘어간다고 했다. 나에게 그런 한의원은 꿈같은 한의원이었다. 당시 나는 하루 평균 20~30명 정도의 환자를 보는 데다, 매출도 2,500만 원을 넘기면 많이 나오는 편이었다. 나는 그때 '저 한의원은 도대체 어떻게 저렇게 잘될까?' 하고 궁금했다.

의식 공부를 처음 시작하게 된 계기도 사실 한의원이 너무 안 되는 상황을 어떻게든 극복해보고자 했던 마음에서였다. 그렇게 의식 공부를 시작했던 나는 독일과 미국까지도 다녀오게 되었다. 2주간의 코스 동안 한의원을 비우기도 했다. 당시 의식 성장 코스에 참석하기 위해 전 세계에서 몇천 명의 사람들이 참여했다. 의식 과정에서 가장 중요하게 생각하는 것은 '원하는 현실을 창조하는 것'에 관한 것이었다. 순수 의식은 모든 것을 가능하게 한다. 그동안 나는 항상 생각 속에서만 살아왔다. 과정을 통해 생각을 멈추고, 있는 그대로 온전히 느끼는 연습을 했다. 그리고 내가 간절히 원하는 것이 무엇인지 느끼고, 그것을 현실로 창조하는 연습을 했다. 나 스스로가 근원이 되어 모든 일을 행하는 것에 대한 연습이었다.

'프라이머리(Primary)'는 내가 정말로 간절히 원하고자 하는 것을 일컫는다. '세컨더리(Secondary)'는 거기에 따라오는 부차적인 생각들을 말한다. 나의 강력한 프라이머리는 한의원이 잘되는 것이었다. 하지만 거기에는 너무 많은 세컨더리가 붙어 있었다. 한의원이 위치가 안 좋다, 환자층이 고정적이다, 밖에서 눈에 잘 안 띈다, 내가 과연 잘 할 수 있을까? 등등. 한의원이 안되는 이유를 말하라고 하면 100가지도 더 말할 수 있었다.

나는 "나는 매출 4,000만 원 한의원을 만든다", "1년 이내에 부원장과 함께 진료한다"라고 선언했다. 나의 선언에 의식을 집중하고, 뒤따라 올라오는 부차적인 생각들은 사라지게 하는 연습을 했다. 그러면 나의 선언만 남게 된다. 이 선언에 강력한 확신이 들 때까지 반복한다. 그러면 그것이 나의 잠재의식이 되고, 실제로 그 선언을 이루기 위해 모든 생각과 행동이 이루어진다. 지금의 나는 놀랍게도 내가 했었던 그때의 프라이머리를 모두 이루었다.

《돈의 속성》의 저자인 김승호 회장의 글에는 이런 일화가 나온다. 정말 갖고 싶은 것을 간절하게 상상하고, 매일 수첩에 적어서 호주머니에 넣어 다니고, 하루에 100번도 넘게 그것에 대해서 생각한다. 그러면 그것이 현실로 이루어져서 내 것이 된다. 김승호 회장은 이와 같은 방법으로 자신이 원했던 회사 땅을 사게 되었다. 또한 무일푼으로 시작해서 1,000억 원 대 이상의 부를 이루었다. 그가 이룬 모든 것 중에서 그가 상상하지 않았던 것은 하나도 없었다고 한다. 꿈이나 목표를 이루기 위해서 100번씩 100일간 그 목표를 말하고 쓰면 반드시 이루어진다고 그는 단언한다.

형이상학자인 네빌 고다드(Neville Lancelot Goddard)도 "모든 것이 이미 이루어져 있다고 생각하면 우주의 기운이 실제로 그렇게 되게 한다"라고 했다. 내가 간절히 원하는 생각과 사물이 일치하게 되면 우주에 강력한 진동을 주어 끌어당김의 법칙을 통해 실제로 이루어진다는 내용이다. 네빌 고다드는 우리가 사는 세상 자체가 따로 존재하는 게 아니라 우리의 의식상태가 영화처럼 투영돼서 나타난 것일 뿐이며, 오직 의식만이 유일한 실체라고 한다. 따라서 내가 원하는 것을 얼마든지 내가 창조해서 내 세상에 나타나게 할 수 있다고 그는 이야기한다.

우리는 일이 잘 안될 때 주변의 환경을 탓하고 부정적인 말을 할 때가 많다. 하지만 탓하기는 누구에게도 도움이 되지 않는다. 탓하는 마음 자체도 사실은 다른 사람의 것이 아닌 자신의 것이다. 자신을 바라보고, 마음을 컨트롤하는 것이 중요하다. 제3자 입장에 서서 생각하는 것이다. '아, 내가 이런 생각을 하고 있구나' 하는 것이다. 이렇게 생각하는 순간 우리는 그 생각에 끌려가는 것이 아니라 통제할 수 있게 된다.

일희일비(一喜一悲)는 개원의의 숙명이라고 한다. 항상 한의원이 잘될 수는 없다. 잘되는 날도 있고, 안되는 날도 있다. 잘되는 날은 기분이 좋지만, 안되는 날에는 우울해진다. 안되는 날에는 부정적인 감정에 사로잡힌다. '내가 뭐를 잘못했지?', '왜 나에게만 이런 일이 벌어지는 것일까?' 같은 부정적인 생각은 계속해서 부정적인 감정을 일으킨다. 하지만 생각해보면 매일매일 잘되는 것 자체가 이상한 일이다. 인간은 손실 회피 본능이 있어서 어제보다 단 하루만 안되도 위기를 느끼게 된다.

저자 자청의 《역행자》라는 책에서는 이러한 생각들은 '클루지(Kluge)'에 불과하다고 이야기한다. '클루지'란 원시 시대 때부터 인간의 뇌에 심어진 무의식적인 생각 기전을 말한다. 현대의 상황에는 어울리지 않는 것인데, 인간의 뇌에서 무의식적으로 자동으로 그렇게 생각하는 것을 의미한다. 원시 시대에는 사냥을 통해 원하는 목표량을 채워도, 다음 날 그만큼 채우지 못하면 불안감을 느끼게 된다. 하루라도 그만한 목표량을 채우지 못하면 다음 날 죽을 수 있다는 생존의 위협을 느끼기 때문이다. 하지만 현대 사회에서는 그것이 생존에 위협을 미칠 정도의 것이 아님에도 불구하고 우리의 뇌는 그것을 생존의 위협으로 느낀다. 이것을 빨리 알아차리고 뇌의 자동화된 생각에서 벗어나야 한다.

한의원이 가끔 안되는 날이 있어도 그것은 생존의 위협과 관련된 것이 아니었다. 어찌 보면 당연한 일이었다. 오히려 매일 잘되어, 스스로 정비할 수 있는 기회가 없는 것이 더 큰 위협이다. 한의원이 안되는 날에는 좋은 기회라고 생각하고 한의원을 정비하고 무엇이 문제일지, 그것을 개선할 방법은 어떤 것이 있을지 구체적인 방법을 생각하는 것이 중요했다.

문제점을 보는 사람은 문제점만 보며, 해결책을 보는 사람은 해결책에 집중한다. 그동안 나는 항상 문제점을 보는 데 초점이 맞춰진 습관이 있었는데, 이제는 해결책에 초점을 맞추는 습관을 많이 기르려고 한다. 지금도 나는 무언가 문제점을 만나면 '해결하려면 어떻게 해야 할까?'라고 반문한다.

내가 어떤 사람인지 아는 것이 중요하다. 우리는 스스로의 생각을 항상 당연시하며 살아간다. 어릴 때부터 형성된 자아라는 존재가 그렇게 생각하게 만든다. 하지만 조금만 그 생각을 꺾어서 '과연 그럴까? 이 생각이 과연 진실일까?' 하고 생각해보면 그렇지 않을 때가 많았다. 오히려 '내가 정말 진실로 무엇을 느끼고 있는가?'와 같이 생각보다 내 '느낌'에 집중하면 더 좋은 결과를 이루어 낼 때가 많다. 또한, '내가 꿈꾸는 이상형의 한의사라면 이 문제를 어떻게 생각할까?'처럼 끝점에서 생각하는 것이 나의 현재를 이끌고 변화하게 했다.

개원 초였던 당시, 내가 만들어가고 싶었던 한의원은 참 많은 것을 담고 있었다. 한의사로서 훌륭한 한의사가 되고 싶었고, 많은 사람을 낫게 해주고 싶었다. 경영자로서는 좋은 직원들과 함께 멋진 한의원을 만들고 싶었다. 규모를 키우고, 인정받는 한의원이 되고 싶었다. 현실은 그렇지 않았지만 나는 언제나 그런 한의원을 꿈꾸었다. 지금도 우리 한의원의 발전은 계속해서 미완성이자 현재진행형이다.

우리 한의원에도 미션과 비전이 있다. 참 편안한 한의원, 참 잘 낫는 한의원, 참 행복한 한의원이 되는 것이 미션이고, 비전은 온기, 생기, 활기가 넘치는 한의원이다. 한의원을 방문하는 사람들은 모두 아파서 오는 사람들이다. 아픈 사람은 예민하고 불안하다. 환자가 편안할 수 있도록 친절과 온기로 감싸주어야 한다. 또한, 모든 환자는 치료에 대해 희망을 꿈꾸고 온다. 이 사람들을 잘 낫게 하기 위해서는 의사의 모든 역량을 동원해야 할 것이다. 그렇게 원장과 직원, 환자 모두가 행복한 한의원이 되는 것이 우리 한의원의 미션이다. 그러기 위해 우리는 온기와 생기, 활기가 넘치는 한의원이 되어야 한다. 미션과 비전은 대표 혼자서 외치는 공허한 외침이 되어서는 안 된다. 모든 직원이 참여하고, 모든 직원에게 체화되어 있어야 한다.

'복주 요양병원'의 이윤환 대표님은 내가 개인적으로 본받고 싶은 분이다. 33세의 젊은 나이에 두 개의 요양병원을 인수했고, 현재도 4무 2탈(욕창, 낙상, 냄새, 신체구속이 없는 4무(無), 기저귀, 침대 2탈(脫))을 통해 환자들에 대한 존엄 케어를 실천하고 있는 분이다. 그는 존엄 케어의 실천을 위해 일본의 요양병원까지 찾아가 배워와서 실천했다. 또한, 전 직원이 존엄 케어에 참여할 수 있도록 직원들이 감사일기를 쓰고, 독서토론을 하게 하면서 그들의 의식을 변화시켰다. 감사한 마음이 긍정의 힘을 끌어올리게 되고, 그 기운은 환자에게 그대로 전달되었다. 자신의 사명감을 깨닫게 되고, 즐겁게 일에 참여할 수 있는 기적을 만들었다.

친구들과 수다를 떨면 종일 있어도 피곤한 줄 모르고, 하기 싫은 일을 다른 사람이 시키면 1분만 해도 버티기 어려운 법이다. 모든 것은 마음에서 우러나와야 지속성이 생긴다. 직원들의 마음을 끌어내는 것은 원장의 몫이다. 나는 앞으로도 모든 직원이 사명감을 가지고 자신의 일에 책임감을 느끼며, 즐겁게 일하는 한의원을 만들어나가고 싶다.

나는 한의원으로
평생의 내 꿈을 찾았다

나는 언젠가 입원실이 있는 한의원을 하고 싶다고 생각했다. 정형외과에는 입원실이 있는데, 왜 한의원은 입원실이 없을까 생각했다. 엄밀히 말하면 입원실이 있는 한의원도 있기는 했으나, 그 수가 적어서 거의 없다고 봐도 무방했다. 그런데 당시 김해의 입원실 한의원에서 부원장을 하던 친구 S가 있었는데, 친구의 이야기를 들으니 신세계였다. '아, 이런 분야도 있구나!' 하는 생각을 했다.

낭시 대부분의 사람들에게 입원실 한의원은 아주 생소했다. 나에게도 입원실은 완전히 새로운 영역이었다. 사실 친구의 이야기 외엔 아무런 사전 정보가 없었다. 하지만 외래환자 말고도 입원환자를 진료하는 일은 상당히 흥미로운 일이라는 생각이 들었다. 다만, 입원실에 대해서 아무것도 아는 게 없는 만큼, 무조건 바닥에서 부딪혀가며, 경험으로 배워야 할 것이었다.

장인어른께서 아는 분이 양산에서 2차 병원의 부장으로 계신다고 나에게 한번 만나보기를 권하셨다. 그분을 만나 입원실이 있는 병원의 시스템에 대해 들었다. 입원실 병원은 환자를 유치하는 일뿐만 아니라 관리해야 하는 일들이 많았다. 지금까지는 외래환자만 잘 보면 되었지만, 입원실 시스템은 완전히 달랐다.

한편, 만약 입원실 한의원이 잘되기만 한다면 대박일 것 같았다. 입원이라는 시스템은 보통 큰 병원에만 있는 시스템이라고 생각하기 쉽다. 남들이 잘 모르는 분야에 항상 기회가 있는 법이다. 만약 제대로 돌아간다면 외래보다도 더 낫겠다는 생각이 들었다. 실제 외래 수가에 비해서도 입원 수가가 높았으며, 실비보험이 적용되는 항목이 많았다. 한의원의 경우 외래로 통원하면 보험적용을 받기 힘든 치료가 많지만, 입원을 하게 되면 보험이 적용되는 치료가 많았다.

수요에 대해서도 생각해보았다. 과연 내가 입원실 한의원을 한다고 했을 때 입원할 사람이 있을까? 보통 수술한 병원에 입원하지만 대부분 3주를 넘기지 못하고 퇴원한다. 그 이유가 오래 입원하면 심평원에서 칼같이 삭감하기 때문이다. 그 때문에 수술 후에 다 낫지 않았지만 더 이상 입원해서 치료받지 못하고 퇴원해야만 하는 사람들이 많았다. 만약 퇴원 후에 한의원에서 치료받을 수만 있다면 분명히 받고 싶은 사람들이 있을 거라는 생각이 들었다. 그들의 수요도 잠재적인 수요였다.

입원실 한의원에 대해 아무 정보도 없었던 상태였지만, 나는 무대포로 한의원의 건물 6층에 입원실을 확장했다. 한의원 건물은 총 10층 건물이다. 처음에 내가 양정에 들어올 때만 해도 우리 건물의 1층에는 김밥집이 있었고, 5층에는 이비인후과가 있었다. 그런데 얼마 지나지 않아 다 폐업하고 나가버렸다. 심지어 한때는 우리가 쓰는 7층과 보청기 회사가 들어선 3층 외에는 나머지 층이 모두 다 공실로 비어 있기도 했다. 한의원 건물이 지하철역 바로 옆에 있다는 장점은 있었지만, 주거 밀집지역에서 떨어진 곳에 있어서 일부러 오지 않으면 찾아오기 힘들고, 신호등이 있는 횡단보도까지도 꽤 많은 거리를 걸어야 한다는 단점이 있었다. 비싼 임대료 또한 감당하기 힘들었을 것이다. 당시 나는 7층을 쓰고 있었고, 6층은 건물이 세워진 이래 계속해서 공실로 있던 상태였다. 한 번도 임대가 나가지 않았던 6층을 쓰고 싶다는 제안을 했으니 건물주는 마다할 이유가 없었다. 덕분에 8층에 비해서 훨씬 싼 조건으로 6층 임대 계약을 마칠 수 있었다.

임대차 계약을 마쳤으니 이제 인테리어 공사도 하고 일할 직원을 채용해야 했다. 당시만 해도 입원실 한의원이 그리 많지 않았던 때다. 가능한 한 입원실을 만들어본 경험이 있는 업체와 계약하고 싶었다. 다행히 한창 부산에서 성장하고 있는 인테리어 업체가 있었다. 대표님의 마인드나 실력이 괜찮은 그 업체와 바로 계약했다. 그리고 당시 신규로 생기는 입원실 한의원의 인테리어 사진을 인터넷 검색으로 뽑아서 대표님께 보여주었다. 대표님은 "이 사진보다 저희가 훨씬 더 멋지게 잘 만들어드리도록 하겠습니다"라고 호언장담하셨다.

당시 나는 두 번 다 신규 개원이 아닌 양수 개원을 한 상태였기 때문에 인테리어에 대해서는 완전히 문외한이었다. 하지만 인테리어 미팅을 하면서 도면을 보고, 자재를 고르고, 공사를 진행하면서 어떤 인테리어가 괜찮은지 볼 수 있는 눈이 생겼다. 무엇이든 경험해보지 않으면 알지 못한다. 양수 개원이 하나의 경험이듯이 인테리어도 하나의 경험이라고 생각한다. 다행히 입원실 한의원 인테리어 공사는 성공적으로 마무리되었다. 대표님은 약속을 지켰다. 처음에 내가 보여드린 사진 그 이상으로 멋지게 만들어주셨다.

공사를 진행하면서 입원실에서 일할 직원을 뽑았다. 입원환자 관리를 전담하는 부장님과 당직 간호사, 주방 이모님, 청소 이모님이 필요했다. 특히 부장님의 역할은 매우 중요했다. 좋은 사람을 만나는 것은 사실 대부분 운에 달렸다. 그때 구인한 부장님이 나와 함께 오랫동안 일했던 Y부장님이다. 부장님은 누구보다도 한의원 업무를 열심히 하시고, 환자 관리 및 운영에 최선을 다하셨다. 동네 한의원이라면 나 혼자만 잘해도 되었지만, 규모가 커지면 커질수록 절대로 혼자만 잘해서는 안 되었다. 나를 도와줄 수 있는 누군가가 있어야 한다. 권한을 위임할 수 있는 누군가가 있어야 한다. 그리고 권한을 위임한다면 믿고 전폭적으로 맡겨야 한다. 규모가 커질수록 나는 그것을 절실히 느끼고 있다.

당시 내가 오픈했을 때, 부산에서 입원실 한의원으로는 아마 3번째였을 것이다. 비록 13병상에 불과한 작은 입원실이었지만, 오픈하자마자 입원을 원하는 환자들로 인산인해(人山人海)를 이뤘고, 예약하지 않으면 치료받기 힘들 정도였다. 특히, 병원에서 수술한 지 얼마 안 되고 재활이 필요한 환자라든지, 큰 교통사고가 난 환자의 경우와 같이 외래에서 치료받기 애매하신 분들의 경우 입원해서 치료받는 것이 좋은 방법이었다. 입원환자들은 특히 입소문이 빠르다. 우리 한의원에 대한 입소문이 나면서 입원해서 치료받고 싶다는 연락이 멀리서도 왔다.

입원실 한의원을 하면서 가장 달라진 부분이 진료 시간의 변경이다. 그전에는 주 6일 진료하면서 일요일과 공휴일은 쉬었다. 하지만 입원실 한의원을 운영하면서 365일 진료를 캐치프레이즈로 내걸게 되었다. 그래서 일요일만 보는 대진 원장을 구했다. 하지만 대진 원장은 아무래도 전속된 한의사가 아니다 보니 책임감이나 열심히 하고자 하는 노력이 부족했다. 그래서 입원실 한의원 초창기에는 나와 2과 원장 둘이서 대부분의 환자를 진료해냈다. 하지만 1개월 정도 운영해보니 자신감이 생겼고, 아예 일요일과 공휴일, 평일 근무를 맡아서 할 3과 원장을 추가로 채용했다. 혼자서 운영하던 한의원이 이전 개원한 지 3년 만에 드디어 3과 원장 체제가 된 것이다.

이후 몇 년 사이에 갑자기 전국적으로 입원실 한의원 열풍이 불었다. 입원실 한의원이 돈이 된다는 소문이 나서 우후죽순 생기게 된 것이다.

2020년과 2021년 사이에 부산에서만 거의 20개 이상의 입원실 한의원들이 생긴 것 같다. 그뿐만 아니라 한방병원들도 엄청나게 많이 생겼다. 교통사고로 입원한 환자들이 갈 수 있는 병원급 의료기관들로 많이 생기게 되었다. 바야흐로 춘추전국시대(春秋戰國時代)가 시작된 것이다. 기존에는 타 입원실 한의원들과 비교해서 우리 한의원의 시설이 가장 좋았지만, 이제는 그렇지 않았다. 갈수록 더 좋은 시설의 한의원과 한방병원들이 생기고 있었다.

이대로 가서는 우리 한의원의 환자들이 빠질 것은 불을 보듯 뻔했다. 아예 소소하게 운영하든지, 아니면 아예 확장해서 규모의 경제로 운영해야 했다. 나는 승부수를 던졌다. 큰마음을 먹고 외래를 보던 기존 7층을 밀어버리고 8층으로 한의원을 옮겼다. 그리고 7층을 1인실 입원실로 리뉴얼했다. 이 한의원을 양수 개원한 지도 5년이 지났고, 이전의 원장님이 처음 신규 개원하신 뒤로는 8년의 세월이 흘렀다. 처음에 비하면 인테리어도 많이 낡아 있었다. 아직 내 눈에는 아까운 인테리어들도 있었지만, 환자들의 입장에서 생각해보면 기존의 낡은 인테리어는 이제 한번 바꿀 때가 되었다고 생각했다. 지금 생각하면 그때 확장한 것은 신의 한 수였다. 최근 입원실 한의원에 대한 규제가 심해지고 있는데, 특히 소규모 입원실에 대해서 상급 병실료 부분이라든지 자동차 보험 입원 일수 제한 등 심평원에서 여러 가지 칼날을 들이밀고 있다. 하지만 그때 그나마 확장해서 좋은 시설을 갖추게 되었고, 적은 상급 병실료 등으로 입원환자들의 부담을 줄인 덕분에 지금도 많은 입원

환자들이 우리 한의원을 찾고 있다고 생각한다.

지금 나는 4인의 의료진을 둔 22병상의 한의원을 운영하고 있다. 부산의 입원실 한의원으로서 꽤 성공적으로 안착한 한의원이라고 자부하고 있다. 또한 설진(舌診)과 약침(藥針), 도침(刀針) 등으로 특화된 진료를 하면서, 멀리서 찾아오는 많은 환자를 보고 있다. 나는 한의원을 운영하면서 즐겁고 보람 있는 진료를 하고 있다. 그리고 예전처럼 진료 시간에 구애받지 않고, 지금은 4명의 의료진이 주 4~5일씩 돌아가며 진료하고 있다. 나도 4.5일 정도 진료하면서 짧은 시간을 집중해서 진료에 힘쏟고 있다. 언젠가는 내가 없어도 한의원이 완전히 돌아가는 시스템을 만드는 것이 내 목표다.

나는 한의원을 통해 내 꿈을 찾았다. 그리고 내가 이루고 싶었던 것을 하나씩 이뤄나가고 있다. 1개 층을 쓰던 한의원을 3개 층을 쓰는 한의원으로 확장했고, 1명이 진료하던 한의원을 4명이 진료하는 한의원으로 만들었다. 월 매출 4,000만 원을 한 번이라도 달성해보는 게 소원이었던 나는 지금 월 매출 1억 2,000만 원 이상의 대형 한의원을 운영하고 있다.

그동안 수없이 많은 위기를 겪었지만 나는 항상 정면에서 돌파해왔다. 어렵다고 생각해서 움츠러들면 더더욱 몰락하게 된다는 것을 나는 경험을 통해 안다. 물살이 빨라진다면 어떻게든 물살을 이겨내고 앞으로 나아가야 한다. 가만히 있으면 떠내려갈 뿐이다. 앞으로도 한의계

앞에 놓인 미래는 쉬운 상황만은 아니리라고 생각한다. 하지만 어떤 상황이든 그 상황에 맞춰 대응해나가면 이겨낼 수 있다고 생각한다. 앞으로도 나는 한의원을 통해 꿈을 이뤄나갈 것이다.

동네 구멍가게
한의원에서
대규모 한의원으로
키우다

3장

진료만 잘해서 성공하는 병원의 시대는 지나갔다

나의 장인어른 이야기를 잠깐 해보려고 한다. 장인어른은 젊으셨을 때 야채 장사를 하셔서 지금도 손목과 발목, 허리 등 관절이 성한 데가 없으시다. 젊으셨을 때 가족의 생계를 짊어지는 가장으로서 새벽마다 누구보다 일찍 일어나 밤늦게까지 고생하셨다. 나는 아직까지 장인어른만큼 부지런한 분을 본 적이 없다. 지금도 장인어른의 몸에는 당시 노력한 흔적이 곳곳에 남아 있다. 다행히 지금은 매일 운동하고 관리를 철저히 하셔서 아프신 데가 거의 없으시다. 일을 한창 많이 하실 때는 주변에 안 다녀본 한의원이 없으셨다고 한다. 힘들 때마다 한의원에서 한약을 지어 드셨다고 한다. 장인어른은 웃으시면서 "한약이 없었으면 지금 이렇게 버티고 있지도 못했을 거다"라고 말씀하신다. 또 "내가 자네 같은 한의사 사위를 본 것도 운명인 거 같다"라고도 늘 이야기하신다. 나를 사위로 맞는 바람에 그동안 단골로 다니던 한의원을 못 가게 되어 그 원장님께 미안하실 정도시니 말 다했다.

예전만 해도 '찬 바람이 불고, 몸이 시리면 한의원을 찾아야겠다'라고 생각하는 사람들이 많았다. 사실 내가 동래에서 개원하던 10여 년 전만 해도 그랬다. 지금처럼 TV 홈쇼핑이나 정관장과 같은 건강기능식품이 대중화되어 있지 않던 때였다. 그때만 해도 봄, 가을이 되면 가족 환자들이 찾아와서 녹용 약을 짓던 때가 간혹 있었던 것 같다. 지금은 그런 일이 전무하다시피 하다.

그동안 무슨 일이 있었던 것일까? 한의사들이 과다 배출되어 한의원들이 우후죽순 생기면서 한약 수요가 분산된 이유가 있을 것이다. 또한 한의원 매출의 상당 부분을 차지하던 한약에 대한 수요 감소도 큰 부분을 차지할 것이다. 요즘 환자들에게 물어보면 건강기능식품 하나씩 먹지 않는 사람들을 거의 찾아보기 힘들다. 대규모로 기업화된 건강기능식품 회사에서 나오는 홍삼이나 글루코사민, 초록색 홍합, 밀크씨슬 등의 수많은 건강기능식품을 환자들은 이미 먹고 있다. 건강에 대한 사람들의 관심은 예나 지금이나 달라진 점이 없지만, 사람들의 수요를 대체할 수 있는 품목들이 이미 너무 많이 생겨난 것이다. 앞으로도 이런 상황은 더 가속화될 것이다.

이러한 트렌드를 일찍 캐치한 사람들도 있다. 아직 의료의 영역은 대기업이 진출하기 힘든 영역이라고는 하지만, 이미 방송을 타고 많이 알려진 여에스더 유산균, 이경제 원장의 녹용보감, 편강한의원의 구전 녹용처럼 광고를 통해 사람들의 뇌리에 각인되어 폭발적인 매출로 이어진 케이스도 있다. 분명한 것은 수요가 아직 충분히 존재한다는 점이다. 건강에 대한 사람들의 관심은 충분하고, 몸에 좋은 약이나 음식을 찾는 수요는 넘쳐나지만 그 수요에 한의사가 직접적으로 관여하는 채널은 부족하다. 아무리 좋은 약이나 제품이라도 사람들에게 알려지지 않으면 소용없다.

얼마 전, 부산에서 유명한 한 한의원을 참관한 적이 있다. 그 자리에서만 30년 이상 진료를 한 '터줏대감' 한의원이었다. 예전에 한의원이 잘될 때는 부산 전역의 사람들이 여기서 한약을 한번 안 지어 먹은 사람이 없을 정도로 유명한 한의원이었다. 그 규모는 대단해서 지하 1층에는 약탕기가 공장처럼 늘어서 있었다. 내가 주목했던 것은 1층 입구에 진열되어 있던 한의원에서 자체 개발한 건강기능식품들이었다. 예를 들어서 간이 안 좋은 사람들이 먹을 수 있는 보간(補肝), 신장이 허한 사람들이 먹을 수 있는 강신(强腎) 등의 식품들이었다. 디자인도 예쁘게 되어 있어 누구나 치료받고 나가면서 보면 사고 싶게끔 되어 있었다. 그 한의원에서 한약 판매가 잘되지 않아서 건강기능식품을 판매할까? 그렇지 않을 것이다. 그 원장님은 트렌드를 읽은 것이다. 사람들의 니즈(Needs)는 다양하다. 자세히 상담해서 맞춤식으로 처방을 원하는 사람도 있지만, 복잡한 상담을 싫어하는 사람도 있다. 약국에서 간편하게 약을 사가듯이 한의원에서 몸을 보하는 약을 가볍게 사고 싶은 사람의 수요도 있다. 이런 수요를 무시한다면 모조리 그 시장을 뺏기고 만다. 이 원장님은 그런 니즈를 파악하고, 한의원의 자체 법인을 만들어 건강 기능식품을 만들고, 그것을 한의원에서 판매하며 또 하나의 수익 파이프라인을 만들고 있었다.

주변을 둘러보면 요즘 한의원들이 너무 많다. 추나요법, 성장, 다이어트, 통증 등 개원하면서 모두 천편일률적인 진료과목을 내걸고 있다. 예전에 한의원들이 많지 않을 때는 수요에 비해서 항상 공급이 모자랐기에 개원만 하면 문전성시였던 시절이 있었다. 하지만 지금은 그렇지 않다. 폐업하는 한의원도 늘고 있으며, 겨우겨우 입에 풀칠하기 바쁜 한의원도 많다. 지금과 같은 상황에서는 다른 한의원과 다른 내 한의원만의 특색이 있어야 성공할 수 있다.

사람들의 새로운 수요를 발굴해내는 일도 중요하다. 한때 치과의사가 과잉 배출되고 힘들 때가 있었다. 그 당시의 치과치료는 신경치료를 하거나 발치(拔齒)하는 것이 일상적인 치료였다. 그때 임플란트라는 치료가 혜성처럼 등장했다. 이빨을 뽑지 않고 임플란트를 심어줌으로써 치아를 살릴 수 있다는 것은 가히 혁신적이었다. 이 임플란트 치료가 사람들에게 알려지면서 새로운 수요가 발생했고, 성공적으로 건강보험 진료에 편입됨으로써 치과 매출이 극대화된 적이 있다.

한약도 과거 1960~1970년대만 해도 옹기 약탕기로 호호 불면서 한약을 달일 때가 있었다. 그때는 보통 사람이 한약 한 제를 먹기가 쉬운 일은 아니었다. 당시 한약값이 한 제 10만 원 이상씩 했는데, 물가상승률을 감안하면 지금의 200만 원 이상에 해당하는 돈이다.

그러다가 1990년대 들어 약탕기가 개발되면서 누구나 한의원에서 쉽게 탕약을 지을 수 있게 되었다. 1990년대 들어 소득이 늘어난 사람들의 건강에 대한 관심은 폭발적인 한약의 수요를 창출해냈고, 전국의 한의원들은 한약 달이는 냄새로 진동하게 되었다. 그 결과 '9말 0초(96~99학번, 00~04학번 때와 같이 한의대 입학 성적이 최고였던 시기)'라고 하는 한의대 전성기를 이뤄낸 적이 있다. 지금의 한의계에는 그때의 '약탕기'나 치과의 '임플란트'와 같은 '한 방'이 부족하다.

최근에 그나마 추나요법이 건강보험으로 편입된 것은 긍정적인 부분이라고 하겠다. 사람들이 침은 무서워해도 추나는 겁내지 않기 때문이다. 특히 젊은 사람들은 '뾰족 공포증'이 있는 사람들이 많다. 한 번도 침을 맞아보지 않은 사람들은 더 그렇다. 일반적으로 전 국민의 5%만이 아팠을 때 가장 먼저 한의원을 생각한다고 한다. 95%의 사람들은 아팠을 때 다른 병원을 생각한다. 심지어는 태어나서 한의원에 한 번도 가보지 않은 사람들도 많다. 이들은 침을 맞거나 피를 빼는 것은 '무서운 일'이라고 생각하고 아예 한의원에 올 생각조차 하지 않는다. 이런 사람들의 수요를 추나요법이 흡수해줄 수 있는 부분이 많다고 생각한다.

특히 근래 스마트폰을 하거나 컴퓨터를 많이 쓰는 직장 생활에서 좋지 않은 자세로 일하면서 몸이 틀어지고, 목과 허리가 아픈 사람들이 많다. 교정 몇 번에 바로 목이 풀리고 통증이 사라지는데도 불구하고, 치료하지 않아 며칠 동안 끙끙거리며 고통받는다. 이들의 한의원에 대한 접근성을 높여준다는 점에서 추나요법이 건강보험화된 것은 아주 반길 만한 소식이다.

첩약의 경우도, 생리통과 안면마비, 뇌경색 및 뇌출혈 후유증 질환에는 1년에 1회, 10일분의 한약이 건강보험 적용되어 30%의 비용만 자신이 부담하면 되며, 그나마도 실비보험이 적용된다. 하지만 이런 사실을 잘 모르는 사람들이 많다. 언론을 통해서 많이 알려지지 않았고, 한의원 입장에서도 일반 탕약에 비해서 그다지 남지 않으니 적극적으로 홍보하지도 않는다. 하지만 나는 사람들이 한의원을 찾는 접근성을 높인다는 점에서 보험이 되는 한약은 꼭 필요하다고 본다. 보험으로 한약을 먹게 된 이들이 효과를 보면 다음에도 한약을 짓게 될 확률이 높아지기 때문이다. 태어나서 한 번도 한약을 먹어보지 않은 사람들의 비율이 꽤 높다는 점에 주목할 필요가 있다. 그 사람들의 '수요'를 살리는 것이야말로 새로운 블루오션이라고 볼 수 있겠다.

예전에 교통사고 후유증도 한의원에서 치료가 되나? 생각하던 시절이 있었다. 하지만 통계에 따르면 지금은 교통사고가 났을 경우 일반 병원보다 한방 의료기관을 찾는 비율이 54.6% 정도로 더 높다고 한다.

병원에서는 보통 침상 안정 위주로 치료하지만, 한의원이나 한방병원에서는 추나요법이나 약침요법, 치료 한약까지도 보험 적용이 되고, 치료 만족도도 높기 때문이다. 효과 있는 치료는 입소문을 타고 더 많은 수요가 생기기 마련이다.

한의원에 사람들이 알아서 오던 시절이 있었다. 하지만 지금은 환자가 왜 우리 한의원으로 와야 하는가 하고 역으로 질문해야 한다. 환자는 이유 없이 한의원을 찾지 않는다. 반드시 '필요'가 있어야 온다. 그 필요와 수요를 만들어내는 것이 스토리와 아이템이다. 이제는 진료만 잘해서 성공하는 병원의 시대는 지나갔다. 환자가 원하는 것을 정확히 알고, 시대의 흐름에 맞추어 환자가 원하는 아이템을 적극적으로 공급해주는 병원만이 살아남을 것이라고 생각한다.

잘되는 한의원은
대기실부터 다르다

당신이 아파서 한의원을 방문했다. 입구에 들어가자마자 직원이 당신을 위아래로 대충 훑어보며 "이름이 어떻게 되세요?"라고 묻는다. 어떻게 왔는지는 관심조차 없다. 당신은 털썩 대기실에 앉아서 무작정 차례를 기다린다. 언제 내 차례가 될지 몰라 안절부절못하며 데스크 직원에게 묻는다.

"제 차례는 언제인가요?"

그러자 데스크 직원이 이야기한다.

"글쎄요, '조금'만 있어 보세요."

그 조금이 얼마나 조금인지는 잘 모르겠다. 재깍재깍 흐르는 시계만 쳐다본다. 무려 30분 이상 멍하니 앉아 있는데 직원은 자기 할 일만 하고 쳐다도 보지 않는다. 약속 시간에 늦어서 이제 나가야 하는데 드디어 직원이 이야기한다.

"자리가 났으니 안으로 들어가세요."

혹시 당신이 언젠가 겪어본 상황 같은가? 그런데, 잘되는 한의원에서는 이런 일을 겪을 일이 없다. 안되는 한의원에서 우리는 이런 일을 겪는다. 잘되는 한의원은 입구에 들어설 때부터 설레는 마음이 든다. 환하고 따뜻한 마음이 든다. 왠지 이곳에 들어가면 좋은 일이 생길 것 같은 느낌이 든다. 들어갔을 때 반갑게 인사하는 직원이 있다. 정제되고 간결한 말로 친절하게 인사하고, 안부를 묻는다. 또한 대기실에 원내 홍보물이 적절히 잘 배치되어 있다. 기다리는 동안 홍보물만 보아도 이 한의원에서 어떤 치료를 하는지 알 수 있다.

안되는 한의원은 들어갈 때부터 기분이 좋지 않다. 어두컴컴하고, 낡은 시설에 지저분한 의자와 며칠 닦지도 않은 듯한 바닥에 오래된 먼지들이 굴러다니고 있다. 또한 직원들의 인사도 불친절하며, 대기실에는 환자를 위한 정보가 아무것도 붙어 있지 않다. 이 한의원은 무슨 진료를 잘하는지 도대체 알 길이 없다.

대기실은 한의원의 얼굴이다. 한의원을 처음 방문했을 때 가장 먼저 마주치게 되는 곳이다. 한의원을 방문해본 적이 있는 사람이라면 처음 들어갈 때의 느낌만으로도 이 한의원이 어떤 곳인지 대략 느낄 수 있다. 고급식당일수록 사람들은 단지 주린 배를 채우러 오는 것이 아니라, 분위기를 느끼기 위해 온다. 비싼 식사의 비용 속에는 충분히 대접

받는다는 느낌과 분위기, 그리고 서비스의 비용이 포함되어 있다. 그렇기 때문에 우리는 고급식당에서 비싼 비용을 지불해도 아깝다고 생각하지 않는다. 대신 '오늘 멋진 분위기에서 좋은 시간을 보냈구나' 하고 좋은 기억을 가져간다.

한의원 또한 마찬가지다. 환자는 한의원에 왔을 때 모든 것을 본다. 입구의 느낌, 치료의 만족도, 직원의 응대, 시설의 호불호, 원내의 청결도 등 종합적인 것을 보고 이 한의원에 대해서 판단하며 앞으로의 재방문 의사를 결정한다. 나는 예전에는 한의원이 산꼭대기에 있어도 치료만 잘하면 환자들이 알아서 찾아온다고 생각했지만, 그것은 완전한 착각이었다. 치료를 잘하는 것과 환자들이 만족하는 건 완전히 별개의 요소였다. 앞서도 이야기했지만, 치료를 잘하는 것은 필요조건이긴 하지만 충분조건이 아니었다. 맛집이 단지 맛있는 밥만 제공해주는 곳이 아니듯이 한의원도 환자가 만족할 수 있는 충분한 서비스를 제공할 수 있어야 한다. 만족한 환자는 다음에도 찾게 되며, 혹여나 자신이 다 낫더라도 다른 환자를 소개해주게 된다.

처음 내가 양정의 한의원을 양수했을 때, 대기실은 좁고 낡아 있었다. 하지만 나는 그다지 신경 쓰지 않았다. 어차피 접수하는 데는 아무 문제가 없기 때문이다. 그런데 데스크가 좁고 대기실이 옆으로 길쭉하다 보니 환자들이 앉아 기다리기가 상당히 불편했다. 게다가 좁은 데스크에 2명의 직원이 앉아 있으니 앞뒤로 다리가 꽉 끼었다. 동선상으로도 환자가 들어가고 나갈 때마다 답답했다. 언젠가 인테리어를 한다면 바꿔보고 싶었다. 하지만 마음만 먹었지 쉽게 실행하지 못했다. 그러다 가 2019년 입원실 공사를 하게 되면서 데스크와 대기실 부분도 인테리어를 하게 되었다. 데스크 아래에 간접조명을 넣고, 대리석 느낌을 주는 시트지만 붙였는데도 데스크가 확실히 넓어 보이고 깔끔해 보였다. 대기실도 답답했던 책장을 다 뜯어내고 앞을 환하게 텄다. 그렇게 만 해도 훨씬 넓어 보이고, 환자들의 동선도 편해졌다. 나는 인테리어 는 공간 마술이라고 생각한다. 어떤 인테리어를 하는지에 따라서 그 업 장의 첫 분위기가 결정된다.

입원실 공사를 하면서 나는 인테리어의 중요성에 눈을 떴다. 이왕이 면 좋은 인테리어로 입원실을 만들고 싶었다. 입원실의 컨셉은 따뜻한 베이지색과 주광색 느낌을 기본으로 하고, 바닥에 고급 데코타일을 깔 았다. 그리고 족욕실(足浴室)과 운동실 등도 갖추어 다른 한의원과 차별 화했다. 입구는 처음 들어오는 순간부터 편안하고 밝은 느낌이 들게 만 들었다. 입원실은 외래와 다르게 최소 1주일 이상 입원하며 환자가 충 분히 쉬는 공간이다. 그 때문에 환자가 편안한 마음을 느낄 수 있도록 해주어야 한다. 이렇게 첫 분위기에 신경 써서 준비한 입원실은 오픈할 때부터 환자들로부터 좋은 평을 받았고, 얼마 되지 않아 예약 환자들로 가득 차게 되었다.

외래진료 공간을 7층에서 8층으로 확장할 때도 마찬가지였다. 특히 나는 대기실에 신경을 썼다. 대기실의 천장 높이를 높여서 개방감을 주었다. 또한 한의원의 모든 색깔을 베이지색과 '부의 상징'인 금색으로 통일했다. 대기실에서 보이는 탕전실은 반투명 유리로 마감해서 약탕기가 살짝 비치게 만들어 환자들이 한약에 대해 궁금함을 갖도록 했다. 천장은 곡선으로 마무리하고, 치료실로 들어가는 입구는 포인트 등을 달아서 예쁘게 만들었다.

인테리어를 마치고 나니 우리 한의원이지만 정말 멋진 한의원이 되었다. 환자분들도 "우와, 여기 대학병원 같네요", "언제 이렇게 멋지게 확장하셨어요?", "계속 잘되시는 모습을 보니 보기 좋습니다" 등의 이야기를 많이 해주셨다. 직원들 또한 좋은 공간에서 일하니 만족했다.

또한 대기실에 들어설 때부터 좋은 느낌이 들도록 입구에 은은한 시트러스 향수를 두었다. 입구 정면에는 공진단, 경옥고 등 원내에서 판매하는 약들을 진열해놓고, DID(사이니지, 공공장소나 상업공간에 설치하는 디스플레이를 말한다)를 켜두어 한의원의 소개와 정보, 원내 판매 품목 등에 대해서 지속해서 알렸다. 사람들이 한의원을 방문하면 가장 궁금한 것이 이 한의원은 무슨 치료를 잘할까인데, 환자들이 기다리는 동안에 멍하니 앉아 있지 않도록 우리 한의원에 대한 정보를 제공해주는 것이 DID의 역할이다. 한의원에서 진료하고 있는 약침요법, 추나요법, 공진단, 경옥고, 다이어트 치료 등…, 우리는 당연히 알고 있지만 환자들은 모르는 정보들을 최대한 환자들에게 알려주는 노력이 중요하다.

직원들에게도 인사 교육과 환자에 대한 언어 사용에 대해서 당부했다. 김주하 저자의《부자의 말센스》, 이재우 저자의《왜 그 병원에만 환자가 몰릴까?》라는 책을 한 번씩 일독하기를 권했다. 한의원에서 사용되는 말에는 품격이 필요하다. 아픈 환자들이 가장 민감한 오감이 바로 청력이라고 한다. 예민한 환자에게는 말 한마디가 독이 될 수도 있고, 약이 될 수도 있다. 이 말이 환자분들에게 어떤 영향을 미칠까 항상 생각하고 이야기하는 것이 중요하다. 말의 내용도 중요하지만, 어투와 표현과 느낌도 매우 중요하다.

또한 나는 환자들의 시간을 아껴주기 위해 '15분의 법칙'을 강조했다. 대기실에서 아무것도 안 하고 환자가 15분 이상 앉아 있는 일이 절대로 없도록 했다. 우리의 시간이 소중하듯, 환자의 시간도 소중하다.

"지금 앞의 환자가 치료받고 있는데 5분 정도 대기하시면 다음 순서에 바로 치료받으실 수 있는데, 괜찮으시죠?"

"오늘 12시 반까지 나가셔야 한다고 하셨죠? 저희가 최대한 빠르게 봐드릴 수 있도록 도와드리겠습니다."

직원들이 환자에게 대기 시간을 정확히 알려줄 수 있도록 했다. 또한 아무리 기다려도 대기실에서 15분, 치료실에서 15분 이내에는 반드시 치료받을 수 있도록 하고, 정말 한의원이 바빠서 환자가 오래 기다려야 하는 경우는 특별히 양해를 구하도록 했다.

치료 시에는 각각의 치료에 따라 시간을 통일하기도 했다. 예를 들어 침은 15분, 약침은 3분, 도침은 5분, 추나는 10분, 사혈은 3분 등과 같이 명확한 시간을 정해두었다. 그래서 언제 치료가 끝나고 다음 환자를 위한 빈자리가 날 수 있을지 직원들이 예상할 수 있도록 했다. 이렇게 시간을 정확히 컨트롤할 수 있게 되면서, 직원들의 업무 능률이 높아졌고, 환자들의 만족도도 높아졌다. 평균적으로 외래로 병원을 방문한 환자들이 병원에 들어왔다가 나갈 때까지 가장 만족스러워하는 시간이 50분 정도라고 한다. 그보다 짧아도 내가 여기서 충분한 치료를 받지 못했다고 생각하고, 그보다 길어져도 지루하다고 느끼게 된다. 따라서 적당한 시간의 치료는 아주 중요한 부분이다. 불필요하게 환자가 대기하거나 낭비하는 시간이 없어야 한다.

내가 방문했던 다른 잘되는 한의원들도 대기실의 느낌이 다들 비슷했다. 접수부터 안내까지 모든 게 체계적으로 돌아가는 시스템이 갖춰져 있었다. 또한 예진 시스템이 잘되어 있어서, 초진 환자가 의료진에게 상담받기 전부터 직원이 예진을 통해 미리 환자의 몸 상태를 체크해서 전달했다. 예진 과정을 통해 의료진도 환자를 빠르게 파악할 수 있었고, 환자도 똑같은 이야기를 반복하는 일이 없어졌다. 이러한 과정을 통해 환자의 만족도는 높아지고 진료 시간은 절약됐다. 두 마리 토끼를 다 잡을 수 있었던 것이다.

또한 잘되는 한의원들은 내가 매번 찾아갈 때마다 한의원이 그대로 머물러 있던 적이 없었다. 항상 대기실에 새로운 홍보물이 걸려 있고, 새로운 기기가 도입되어 있었다. 그대로 머물러 있지 않고 변화하는 한의원들이 더 성공하고, 더 잘됐다.

대기실은 한의원의 얼굴이다. 대기실의 느낌이 그 한의원의 거의 모든 첫인상을 결정한다고 해도 과언이 아니다. 그래서 원장은 환자들이 한의원에 처음 방문했을 때 좋은 첫인상을 가질 수 있도록 많은 정성을 쏟아야 한다. 잘되는 한의원은 대기실부터 다르다.

한의원의 첫 번째 손님은 직원이다

모든 사장은 고객 유치에 많은 열정을 기울인다. 하지만 직원이 고객이라는 생각은 쉽게 하기 힘들다. 나 또한 그랬다. 처음에 한의원을 운영할 때만 해도 직원은 단지 '한의원에서 일하는 사람'이라는 생각이 컸다. 직원이 '한의원의 첫 번째 손님'이라는 생각은 하지 못했다. 하지만 어느 순간 한의원을 가장 객관적으로 잘 아는 손님이 직원이지 않을까 생각하게 되었다. 환자들은 아플 때만 한의원에 오지만 직원은 매일 한의원에 출근한다. 누구보다도 이 한의원이 어떤 한의원인지 잘 안다. 그래서 믿음이 가는 한의원이면 직원들이 더 열심히 환자들에게 홍보한다.

"1과 원장님이 도침 치료를 잘하세요."

"4과 원장님은 추나 치료를 잘하시는데, 받고 나면 엄청 시원해요."

환자들은 원장이 말하는 것보다도 오히려 직원의 이야기를 더 신뢰한다. 그래서 원장이 열 번 이야기하는 것보다 직원이 한 번 이야기하는 게 더 낫다. 원장이 이야기할 때는 의도가 있다고 생각하지만, 직원들은 객관적으로 이야기하는 사람이라고 생각하기 때문이다. 직원들이 한의원 치료를 환자들에게 권할 수 있으려면 직원부터 해당 치료가 어떤 치료인지 잘 알아야 한다. 또한 직원 스스로 경험해보고 만족해야 한다.

직원들은 원장의 분신과도 같다. 원장 혼자서는 결코 한의원을 운영할 수가 없다. 직원들이 스스로 동기부여되고, 즐겁게 일할 수 있어야 한다. 일할 맛이 나는 한의원이 되어야 한다. 직원들이 한의원 일에 만족해야 한의원의 능률이 올라가는 것은 물론이며, 직원들이 자신의 일에 소명감을 느낄 수 있어야 스스로 왜 일하는 것인지에 대한 답을 가지고 일할 수 있다. 직원들이 아플 때 한의원에서 치료해줄 수도 있어야 한다. 직원이 만족하게 되면 다른 손님도 모시고 온다.

그렇다면 직원들이 출근할 맛이 나는 한의원을 만들려면 어떻게 해야 할까? 나는 무엇보다도 직원들에게 스스로 할 수 있는 권한을 부여해야 한다고 생각한다. 특히, 나는 실장이나 부장과 같은 간부 직원에게는 믿고 부서 직원들을 관리할 수 있는 권한을 주고, 또한 환자들의 한약 비용을 할인해준다거나, 어느 정도 이상의 서비스를 따로 챙겨줄 수 있는 권한을 준다. 사람은 본래 누군가의 통제를 받기 위해 태어난 존재가 아니다. 인간은 자율성이 보장될 때 최고의 능률을 발휘할 수 있는 존재라고 생각한다. 그렇기에 인간은 자유를 찾아 지금까지 위대한 여정을 이루어오지 않았던가? 믿고 업무를 맡기며 최대한 자율성을 부여해주는 것이 리더의 역할이다.

미국의 존 F. 케네디(John Fitzgerald Kennedy) 대통령이 나사(NASA)를 방문했을 때, 한 청소부를 만났던 일화다.

"당신은 어떤 일을 하고 있습니까?"

대통령의 질문에 나이 지긋한 그 청소부는 이렇게 말했다.

"사람을 달에 보내는 위대한 일을 돕고 있습니다."

어떤 일을 하느냐가 중요한 게 아니라 그 일을 할 때 얼마나 이 일에 가치를 부여하는지가 중요하다. 내가 하는 일이 그만큼 사회에 도움을 주는 중요한 일이라는 걸 느낄 수 있어야 한다. 각자가 '왜 일하는지?'에 대한 사명감이 있어야 한다.

한의원 직원의 업무가 사실 월급만 바라봐서는 하기 쉽지 않은 일이다. 다른 사람을 도와주고 케어해준다는 이타심이 있어야만 할 수 있다. 한의원에 지원하는 대부분 직원은 그런 마음을 가지고 있다. 그 마음을 최대한 살려주어 즐겁게 일할 수 있게 해주는 것이 원장으로서 해야 할 일이다.

구글이나 네이버와 같은 대기업 복지 제도를 한의원에서 도입하기는 어렵다. 하지만 열심히 일한 직원에게 보상해주고 더 즐겁게 일할 수 있도록 도와주어야 한다. 원래 우리 한의원은 모든 직원이 주 6일 일했다. 대기업이나 중소기업들까지도 요즈음은 주 5일 근무가 일상화 되었다지만, 아직 의료기관은 그렇지 않은 곳이 많다. 대부분 의료기관 은 토요일을 포함해서 주 6일 이상을 진료하는 경우가 많다. 평일에는 바빠서 병원을 찾기 힘들지만, 주말에만 내원할 수 있는 사람들도 있기 때문이다. 그래서 보통 병원에서 근무하는 직원들은 대부분 주 6일 근무가 일반적이다.

하지만 나는 4년 전부터 직원들의 근무를 주 5일 근무제로 바꿨다. 일요일과 더불어 평일도 하루를 돌아가면서 쉬게 했다. 아르바이트 직원 한 명만 더 뽑으면 자동으로 해결될 일이었다. 주 5일 근무의 파급력은 상당히 컸다. 평일 쉬는 다음 날이면 직원들의 눈에서는 반짝반짝 빛이 났다. 한의원을 쉬면 매출이 떨어질 것 같지만 그렇지도 않았다. 오히려 쉬는 다음 날 더 열심히 일했고, 원장들도 쉬고 나면 더 열심히 진료해서 매출을 끌어올렸다. 결론적으로 보았을 때 5일 일하나 6일 일하나 매출은 큰 차이가 없었다.

근래 주 52시간 근무제 이야기가 나오고 있지만 우리 한의원의 직원은 이미 오래전부터 주 30~40시간 내외로 근무하고 있다. 원장님들도 주 4일씩 근무한다. 직원들도 주 5일씩 근무하면서 한 달에 한 번은 돌아가면서 주 4일 근무하고 있다. 자신이 근무하는 시간 외에는 다른 직원들과 인수인계를 정확히 해주는 부분만 보강되면 된다. 그러면 아무리 근무시간이 적어도 상관없다.

최근 코로나 시기 동안에 재택근무가 늘어났다는 이야기를 듣는다. 환자를 늘 대면해야 하는 한의원 업무의 특성상 대폭적인 비대면 근무를 시행하기는 어렵지만, 나는 이처럼 탄력적 근무나 비대면 근무 등이 늘어나는 것은 좋은 사회적 분위기라고 생각한다. 능력자는 최소한의 시간을 들여 성과를 낸다. 오래 일하는 게 자랑스러운 시대는 지나갔다. 짧게 일하고 자율적으로 일하면서도 결과를 내는 것이 중요하다.

보통 병원들의 직원 처우가 열악한 경우가 많다. 의료직의 특성상 원장의 능력에 따라 좌우되는 경우가 많다고 생각해서 직원의 역할을 과소평가하기 때문이다. 하지만 원장이 생각하는 이상으로 직원이 병원에 미치는 영향은 매우 크다. 직원들이 친절한 한의원, 직원들이 만족하는 한의원, 직원들이 즐거운 한의원이 항상 잘되는 것을 나는 수없이 많이 보았다.

나 또한 앞으로 우리 한의원을 직원들이 즐겁게 일하는 한의원으로 만들기 위해서 노력하고 있다. 구글이나 네이버와 같은 복지 제도는 주지 못하더라도 일 년에 몇 번이라도 자유롭게 이용할 수 있도록 무기명 호텔과 리조트 회원권을 매입할 예정이다. 또한 우수 직원 포상 제도를 도입해서 적극적으로 직원들이 즐겁게 일할 수 있는 환경을 마련하고 있다.

직원들이 좋은 원장을 만나는 것도 중요하지만 원장이 좋은 직원들을 만나는 것도 중요하다. 그런 면에서 나는 운이 좋은 사람이다. 특히나 우리 한의원에는 직업에 대한 소명 의식을 가진 직원들이 많았다. 열심히 일해주는 우리 한의원의 직원들에게 늘 감사한 마음이다.

하지만 어느 조직이든 문제가 되는 사람이 있다. 모두가 함께 나아가려고 할 때 방해되는 누군가가 꼭 있다. 조직의 비전과 미션에 맞지 않는 사람이다. 노를 저어서 배가 나아갈 때는 모두가 한마음으로 같은 방향으로 저어야 한다. 만약에 어떤 사람이 반대의 방향으로 젓고 있다면 과감히 그 뱃사공에게 자리를 버리고 일어서라고 해야 한다. 만약에 그런 사람을 계속해서 둔다면 배는 앞으로 나아가지 못하고 그 자리를 맴돌 것이다. 또한 다른 사람들까지도 그 자리를 떠나갈 것이다. 썩은 사과는 빨리 도려내는 것이 맞다. 그 썩은 사과를 빨리 구별하고, 모든 직원이 한마음으로 합심할 수 있도록 만드는 것이 원장의 역할이다.

항상 원장보다 직원이 먼저다. 환자는 원장을 보고 한의원을 찾지만, 한의원에서 가장 먼저 마주치는 사람은 직원이다. 그 직원에 따라 한의원의 이미지가 결정된다. 그래서 직원의 소중함을 깨닫고, 직원 스스로 사명감을 가지고 한의원 일을 할 수 있도록 만들어야 한다. 직원은 무대에 서는 연주자고, 원장은 오케스트라를 지휘하는 지휘자와 같다. 많은 직원이 즐겁게 일할 수 있도록 직원들을 적재적소에 배치하고, 그들의 잠재력을 최대한 발휘할 수 있도록 도와주는 것이 원장의 역할이라고 하겠다.

가슴 뛰는
한의원 만들기

출근해서 진료 준비하고 환자를 본다.

매일 허리를 구부려서 침을 놓고 추나를 한다.

한약 상담하고 차트 정리하고 처방전을 쓴다.

매일매일 반복되는 이런 일상을 겪으면 어느 순간 현타가 온다. 다들 비슷하리라고 생각한다. 졸업하고 그렇게 취직하고 싶었던 직장이지만 막상 취직하고 나니 격무에 시달리면서 몇 년 버티지도 못하고 그만두는 경우가 많다. 나 또한 한의원을 하면서 그런 생각을 겪을 때가 많았다. 특히 환자가 없는 한의원에 종일 앉아 있거나, 진상 환자들을 하루에 여러 번 만난 날이면 '내가 왜 이 고생을 해야 하나?'라는 생각에 그만두고 싶을 때도 있었다.

하지만 한번 개원하면 쉽게 일을 그만둘 수가 없다. 선배들이 '개원은 개미지옥'이라고 했던 말이 그래서 나온 말이라는 생각이 들었다. 부원장은 언제든 마음만 먹으면 그곳을 떠날 수 있지만, 개원하고 나면 쉽게 그만두기가 힘들다.

"어차피 해야 할 일이면 즐겁게 하라"는 말이 있다. "피할 수 없다면 즐겨라"라는 말도 있다. 하지만 이 말에 대해서는 반감이 드는 게 사실이다. 왜 피할 수 없는 일을 억지로 즐겨야 하는가? 내 일을 마치 연애하듯, 가슴 뛰며 할 수는 정말 없는 것일까?

통계에 의하면 정말 하고 싶은 일을 하면서 즐겁게 사는 사람의 비율은 10%에 불과하다고 한다. 나머지는 어쩔 수 없이 먹고살기 위해서 일한다고 한다. 대기업에 다니는 친구들이나 지인들과 이야기해봐도 마찬가지다. 회사에 다니고는 있지만 일이 너무 즐거워서 다니는 사람은 거의 없다. 40대, 50대 가장이 어깨에 짊어진 짐은 더 고달프다. 열심히 일해서 취직했고, 밤을 낮처럼 출근하고 회사를 위해 몸을 갈아서 다녔는데 남은 건 망가진 몸뿐이다. 어느 순간 허리 디스크가 오고, 목 디스크가 오고, 만성 피로 증후군이 온다. 나름 열심히 살아온 것 같은데 빚 갚기가 바쁘고 통장에 모인 돈은 없다. 그나마 어느 정도 모았다 싶었는데 갑자기 직장에서 나보다 늦게 입사한 후배들이 치고 올라와서 나의 상사로 앉는가 하면 무언의 퇴직 압박이 들어온다. 지금의 40,

50대 가장들의 자화상이다. 집에서는 다른 남편과 비교하는 아내, 회사에서는 다른 동료와 실적을 비교하는 상사 사이에서 절망한다. 그나마 집에서 제비 새끼처럼 입을 쪽쪽 벌리는 귀여운 아이들을 보면서 출근하는 희망으로 삼는다.

어떻게 하면 내 일을 즐겁게 할 수 있을까? 나는 일에서 놀이의 측면을 찾아야 한다고 생각한다. 삶은 '일'과 '놀이'로 구성되어 있다. 인간은 일과 놀이의 사이클 속에서 살아간다. 업무를 하는 것과 노는 것의 연속된 사이클이다. 우리는 보통 일과 놀이를 분리해서, 일은 일이고 놀이는 놀이라고 생각할 때가 많다. 하지만 일과 놀이를 분리해서 생각하게 되면 생존을 위해 일하는 것이 그리 즐겁지 않게 되고, 여가를 위해 노는 것이 그다지 의미 있게 느껴지지 않게 된다. 그런데, 이 두 영역을 통합해서 일과 놀이 위에서 즐거운 삶을 살아가는 사람들도 있다. 이들은 공부하면서도, 프로젝트를 개발하면서도, 투자하면서도, 그림을 그리면서도, 회사에서도 자신의 일을 즐기고 놀이를 한다.

《미국에서 컵밥 파는 남자》의 저자 송정훈 대표는 젊었을 때 미국으로 건너가 '컵밥'이라는 문화를 미국에 퍼뜨렸다. 그는 학창 시절 전교 꼴찌, 날라리 춤꾼이었지만 미국에서 푸드트럭을 하면서 대박을 냈다. 싸고, 맛있고, 빠르지만 모두가 하찮게 여기던 한국의 노량진 컵밥에서 그는 기회를 보았다. 미국인들 입맛에 맞게 메뉴를 개발하고, 한국의 우수한 서비스를 활용해서 트럭 한 대로 기적 같은 성공을 일구어냈다.

"Eat Cupbop, Poop Gold", "Shhh, Just Eat!" 등의 유행어를 성공시키기도 했다. 그는 일을 놀이처럼 즐겁게 하면서 미국 사람들에게 컵밥 신드롬을 일으켰다. 2013년 3명의 동업자와 1,500만 원으로 작은 푸드트럭에서 컵밥 사업을 시작한 그는, 8년 만에 42개의 매장에서 350명의 직원과 함께 150억 원 이상의 매출을 올리는 신화를 이루어 냈다.

'한국책쓰기강사양성협회(이하 한책협)'의 김태광 대표는 책 쓰기라는 분야에서 독보적인 명장이다. 그의 책 내용은 16권의 교과서에 실렸고, 지금까지 그는 200여 권의 책을 출판하고 1,100명의 작가를 배출했다. 그는 일과 놀이를 분리하지 않는다. 새벽 1시 반까지 수강생의 원고 첨삭 과정을 보내주기도 한다. 손가락 관절 통증으로 치료받으면서도 수강생들을 끝까지 도와준다. 그는 책을 쓰는 사람들을 많이 양성하는 일이 사명임을 느끼고, 코칭 일을 하는 것을 너무나도 즐거워한다. 심지어는 가족여행을 가서도 책 쓰기 과정 온라인 강의를 한다. 일과 놀이가 분리되어 있지 않기 때문이다.

자신의 '일'이 '놀이'가 될 때 인간은 몰입이 주는 즐거움을 느끼고, 잘 놀면서도 창조적인 업적을 성취해낼 수 있게 된다. 경영이론에는 사람들이 노력을 회피하고, 돈과 안정만을 추구하며 일하기 때문에 통제해야 한다는 이론이 있다. 반면, 인간에게는 일이 놀이나 휴식과 같이 자연스러운 것이며 사람들은 일을 통해 주도성과 창의성을 발휘할 뿐만 아니라 자신이 하는 일에 책임을 지게 된다는 이론도 있다. 세계적인 경영학자인 피터 드러커(Peter Ferdinand Drucker)는 후자의 이론이 더욱 정확하며 효과가 있다고 주장한다. 앞으로 평균수명이 늘어나며 일의 안정성이 줄어드는 시대에서는 자신의 장점이 무엇이며, 어떤 능력을 어떻게 향상할 수 있을지에 대해 끊임없이 고민해야 한다. 자신이 하는 일을 즐겨야 몰입할 수가 있다. 예전처럼 일과 관련 없는 놀이에서만 즐거움을 만끽해야 한다거나 일은 부담스러운 짐처럼 짊어져야 한다고 생각해서는 안 된다. 앞으로 점점 더 일과 놀이의 경계는 없어질 것이다.

한의원에서 찾을 수 있는 일의 놀이적인 측면은 어떤 것이 있을까? 나는 모든 것들이 당연하다고 생각하지 말고, 늘 새로운 측면을 발견하는 것이 중요하다고 생각한다. 우리가 처음 하는 일에 익숙해지기까지는 2주간의 시간이 걸린다고 한다. 이 2주가 반복되어 66일이 되면 완전히 그 일은 습관이 된다고 한다. 인간의 뇌는 정말 신비로워서 최소한의 에너지가 드는 방향으로 진화한다. 처음 직원들이 입사하면 어디에 물건이 있는지 모르고, 어떤 업무를 해야 하는지 몰라서 허둥지둥하다가 어느 순간 자연스럽게 일에 익숙해지고 손이 빨라진다. 한의원의 진료실을 7층에서 8층으로 옮겼을 때도 그랬다. 처음에는 모든 환경이 갑자기 바뀌니 바뀐 환경에 나를 맞춰야 했고 정신이 없었다. 하지만 2주 정도 지나니 익숙해지고 자연스럽게 내 몸이 동선을 기억하고 움직였다. 한의원에 새로운 직원이 입사하면 기존 직원들보다 훨씬 더 새로운 면을 많이 보고, 한의원의 단점을 알려주는 경우가 많았다. 습관이 당연함이 되기 전에 객관적으로 보이는 것을 알려주기 때문이라고 생각한다.

소소한 부분이지만 직원들을 상대로 한 이벤트도 즐겁게 일할 수 있는 좋은 방법이다. 예전에 직원들 회식을 하면서 학교에서처럼 상장을 준비한 적이 있다. 상장을 준비하는 건 어렵지 않다. 상장 용지를 사서 프린트만 하면 그만이다. 나는 열심히 일한 직원에게 개성 있는 상장을 수여했다. 눈치가 빠른 직원에게 '눈치코치상', 물건을 잘 고치는 직원에게 '맥가이버상', 친절한 직원에게 '금자씨상' 등을 주었다. 소정의 상품권과 함께 생각지도 못했던 상장을 받은 직원들은 너무 즐거워하면서도 고마워했다. 이런 방법들은 크게 돈을 들지 않고 직원들의 사기를 올릴 수 있다. 또한 최근에는 다이어트 환약인 '부슬환'을 출시하면서 다이어트에 어울리는 사진을 직원들에게 공모했는데 반응이 폭발적이었다. 공모에서 1등을 한 직원에게는 부상으로 부슬환을 한 상자 주겠다고 하니 많은 직원이 참여했다. 카카오톡 투표에 직원들이 참여해서 공개적으로 1등을 선정했다. 투표를 통해 자신이 참여하는 것도 즐거운 일이다. 이렇듯 직원들 스스로 참여할 수 있도록 해서 일의 소소한 부분에서 재미를 찾도록 하는 게 중요하다.

하루의 대부분을 보내는 직장에서 출근하고 오직 퇴근 시간이 오기만을 기다리고 있다면 이보다 더한 지옥이 있을까? 사람에게는 돈보다 더 소중한 것이 시간이다. 매일 오늘 출근하면 어떤 일이 생길까 기대되는 직장이 되어야 한다. 내가 출근하고 싶은 한의원을 만들고, 직원들도 즐겁게 근무할 수 있는 환경을 만들어야 한다. 내 일을 즐겁게 마치 놀이처럼 할 수 있는 한의원이 되어야 한다. 연애할 때처럼 가슴 뛰는 느낌으로 말이다. 출근 시간이 기다려지는 회사라면 잘될 수밖에 없다.

환자에 앞서 직원부터
감동시켜라

주변의 한의원 원장님들에게 가장 골머리를 앓고 있는 문제가 뭐냐고 물어보면 하나같이 다들 직원 관리라고 이야기한다. 직원이 적은 한의원은 적은 대로, 많은 한의원은 많은 대로 직원 관리를 힘들어한다. 어떤 사람들은 직원들이 너무 열심히 일을 안 해서 문제라고 그러고, 어떤 사람은 직원들이 많으니 일일이 챙기는 게 너무 힘들다고 말한다. 직원 관리가 힘들어서 차라리 혼자 하는 게 편하다고 이야기하는 원장도 있다.

한의원 원장의 할 일은 환자를 상대하는 일인 동시에 직원을 쓰는 일이다. 사람으로 시작해서 사람으로 끝나는, 결국 사람 관리가 전부라고 해도 과언이 아니다. 이렇게 매일 직원들과 함께 일하면서 직원과 부딪히는 경우가 많다.

"시급은 높아지는데, 직원이 돈을 받는 만큼 일을 하지 않는다", "실컷 가르쳐놨더니 한 달만 하고 나간다"라는 불만의 목소리는 그나마 애교다. 부원장에게 모든 것을 다 가르쳐주고 알려줬는데, 몇 달 만에 나가서 바로 옆에 다른 한의원을 차렸다는 이야기도 수두룩하게 듣는다. 이런 이야기를 들으면 과연 직원을 얼마나 믿어야 하는가 싶은 생각도 든다.

만약 이런 일이 자주 발생한다면 그 직원이 아니라 한의원의 전체적인 시스템을 점검해봐야 할 수도 있다. 물론 직원에게도 문제가 있을 수 있지만, 그 직원이 그렇게 행동할 수밖에 없었던 한의원의 느슨한 시스템이 문제가 될 수도 있는 것이다. 문제 있는 직원을 뽑은 사람도 결국 원장이다. 모든 문제의 원인은 나에게 있다고 생각하는 게 먼저다. 그때야 비로소 어떻게 해결해야 할지 방법을 찾게 된다.

애초부터 직원들과 오너의 마인드는 다를 수밖에 없다. 그것을 인정해야 한다. 그렇지 않으면 계속해서 영원히 만날 수 없는 지점으로 평행선을 달리게 된다. 직원들은 매달 월급날을 손꼽아 기다리지만, 원장은 매달 돌아오는 월급날이 무섭다. 직원들은 달력의 빨간 날을 기다리지만 원장은 수시로 있는 대체공휴일이 무섭다. 매달 월세는 똑같이 나가고, 경비는 똑같이 나가는데, 쉬는 날만큼 매출은 줄어들기 때문이다. 거기다가 세금, 준조세, 퇴직금까지… 직원은 자기 호주머니에 들어오는 돈만 월급이라고 생각하지만 실제로 오너는 그보다 훨씬 더 많은 부담이 든다. 원장의 어깨는 무겁다. 누군가는 돈독 오른 원장이라고 욕하기도 하지만 원장에게는 생계가 달린 문제다. 그래서 365일 일해서라도 한푼이라도 더 벌려고 한다.

얼마 전 〈내과 박 원장〉이라는 웹툰이 화제가 된 적이 있다. 나도 그 웹툰을 보면서 배꼽이 빠지도록 웃으면서도 많이 공감했다. 젊었을 때, 청운의 꿈을 안고 의대에 입학하고 죽을 만큼 공부하고 개원했지만, 막상 개원해보니 환자도 없고, 그나마 한 명이라도 있는 환자를 잡으려고 애쓰는 박 원장과 집에서는 속도 모르고 명품을 사느라 카드를 긁어대는 '사모림'의 이야기, 잘되는 선배를 찾아가니 환자 앞에서 춤이라도 추고 선물 공세라도 하라는 이야기 등, 여러 가지 희화화되어 있는 이야기도 많았지만, 한편으로는 공감이 되면서 짠한 느낌도 들었다.

원장은 환자들에게는 좋은 의사가 되어야 하지만, 직원들에게는 좋은 사장이 되어야 한다. '최고의 강의는 휴강'이라는 우스갯소리도 있지 않은가. 직원에게는 월급을 많이 주고 일은 적게 시키는 사장이 최고의 사장이다. 하지만 좋은 경영자가 되려면 회사에 이익을 많이 남겨야 한다. 그러기 위해서는 마냥 직원에게 월급을 많이 줄 수만은 없다. 좋은 원장과 좋은 사장, 좋은 경영자 사이에서 딜레마를 겪게 될 수밖에 없는 것이다. 예전에 나는 좋은 원장이 되는 것에만 포커스를 맞추었다. 하지만 진료를 잘하더라도 제대로 된 직원이 없이는 결코 한의원이 잘 돌아가지 않는다는 사실을 알았다. 치료를 잘하는 의사도 되어야 하지만, 경영자로서도 낙제점을 받지 않아야 했다.

모든 오너가 직원들 문제를 겪는다고 하지만 나 또한 한의원이 커지면서 점점 직원 문제로 힘든 일들을 겪곤 했다. 처음에 직원이 2명일 때는 그다지 직원 문제로 신경 쓸 것이 없었다. 하지만 직원이 10명, 20명으로 늘어날수록 계속해서 신경 쓸 일들이 생겼다. 늘 마주치는 직원 외에 한 달에 한 번도 보기 힘든 직원들도 있었다. 이런 상황에서는 내가 모든 직원의 문제를 파악하기가 힘들었다. 직원들 사이에서 서로 패를 나누고 따돌림을 하는 일이 생기는가 하면, 입원실에서 직원들끼리 서로 으르렁거리며 욕하고 싸우는 일도 있었다. 그때마다 달래고 어르며 해결하기는 했지만, 근본적으로 이런 일이 발생하지 않도록 하는 것이 필요했다.

직원들을 하나로 모으기 위해서는 공통된 목표를 정해주는 것이 중요했다. 자신들이 하는 일이 어떤 의미가 있는지, 어떤 목표를 가지고 일해야 할지, 앞으로 어떤 한의원을 만들어가야 할지에 관한 것 말이다. 또한 직원들의 화합을 위해서는 서로 친목을 다지는 부분이 필요했다. 직원들이 많다 보면 서로 마음이 맞는 직원도 있고, 마음이 맞지 않는 직원도 있다. 마음이 끌리는 사람과 더 친해질 수밖에 없는 것은 인지상정이다. 하지만 친하지 않은 직원이라도 업무를 할 때는 같은 동료로서 업무에 최선을 다해야 한다.

무엇보다도 직원들과의 대화가 중요하다. 사람은 말을 하고 흉금을 터놓아야 마음이 풀린다. 혼자서 끙끙 앓던 문제도 대화를 통해 해결되는 경우를 많이 보았다. 최근에 입원환자 관리를 어떻게 해야 하나 하는 부분에 대해 고민했는데, 부장님과 저녁식사를 같이 한 끼 하면서 이야기하는 동안 많은 부분이 해소되었다. 혼자서만 생각해서는 결코 해결하지 못하는 일이다. 실장님과도 이런저런 이야기를 하다 보면 내가 생각지도 못했던 조언을 해줄 때가 많다. 직장에서는 내가 상사지만, 나보다 인생 경험이 많은 사람들이니 여러모로 배울 점이 많다.

사소한 부분을 잘 관찰하는 것도 필요하다. '하인리히의 법칙'이라는 것이 있다. 어떤 큰 문제가 발생하기 전에는 계속해서 징조를 보인다는 것이다. 갑자기 열심히 하는 직원이 말수가 없어지거나 의기소침하면 무슨 일이 있는지 대화해봐야 한다. 직원이 힘들어하는 부분이 있다면 신속히 문제를 해결해주어야 한다. 징조들이 보이는데도 그대로 놔두다가는 갑자기 직원이 원장실 문을 '똑똑' 두드리며 퇴사한다는 이야기를 할 수도 있다.

직원들의 소소한 부분들도 챙기면 좋다. 평소 바쁜 오전 진료를 마치고 점심시간 때 한의원 주변을 산책하는 것이 나의 일상이다. 돌아가는 길에 커피 한잔이 생각나면 어느새 내 손에는 커피 10잔이 들려 있다. 내가 커피가 먹고 싶으면 직원들 또한 그러리라고 생각하기 때문이다. 나는 사실 합리적인 소비가 그 무엇보다 중요한 사람이다. 작은 물건을 살 때도 인터넷 쇼핑으로 항상 100원이라도 더 싸게 물건을 산다. 그래서 아내에게 뭐 그렇게 쫀쫀하냐고 구박받기도 한다. 하지만 직원들에게 사는 것은 필요하다면 계산 없이 지갑이 열린다. 직원들이 원장의 정성에 감동하고 열심히 일하면 몇 배, 그 이상으로 한의원으로 돌아온다는 사실을 알기 때문이다.

그리고 아무리 바쁘더라도 직원들의 경조사는 꼭 챙긴다. 또한 생일 때는 적은 금액이지만 상품권 몇만 원이라도 반드시 챙겨서 준다. 힘들 때, 기쁠 때 나를 생각해주고 기억해주는 오너가 있다는 것만으로 저절로 일할 맛이 나지 않겠는가?

직원은 한의원의 첫 번째 손님이다. 직원들에게 바라지 말고, 오너가 어떻게 하면 직원들이 스스로 일하게 할까를 항상 고민해야 한다. 즐거운 직장이 되려면 직원이 감동할 수 있어야 한다. 작은 배려, 그리고 관찰, 챙김에서 직원은 감동한다. 오너는 그런 직장을 만들기 위해서 노력해야 한다. '섬김의 리더십'이라는 말이 있다. 오너는 항상 직원을 섬기는 마음으로 일해야 할 것이다.

첫인상과 끝인상이
가장 중요하다

나는 한의원 직원을 뽑을 때 인상을 중요시한다. 인상은 외모만을 의미하지 않는다. 그 사람의 행동과 생각, 느낌 등을 통틀어 말한다. 첫인상이 좋았던 직원들은 마지막까지 좋았던 직원들이 많았다. 통계에 따르면 우리는 첫인상으로 어떤 사람이나 사물을 70% 이상 판단한다고 한다. 그만큼 첫인상이라는 게 중요하다.

한의원에도 그런 인상이란 게 있다. 처음 들어왔을 때의 느낌이다. 첫인상이 좋지 않으면 이후에도 계속해서 그 한의원에 대한 느낌이 좋지 않다. 꼭 시설이 좋아야만 첫인상이 좋은 한의원이 아니다. 시설은 오래되었지만 밝고 쾌활한 분위기가 넘치는 한의원들도 있다. 반면 시설이 아무리 좋아도 뭔가 우울하고 다시 찾고 싶지 않은 한의원들도 있다.

나는 한의원에서
인생의 모든 것을 배웠다

인상을 구성하는 건 지극히 주관적인 감정이다. 내가 기분 좋을 때 한의원을 찾는다면 좋은 느낌을 받는다. 그런데 한의원을 찾는 사람 중에 기분이 좋아서 찾는 사람들은 거의 없을 것이다. 대부분 몸이 아프고, 기분이 안 좋고, 컨디션이 안 좋아서 찾는 사람들이다. 어떤 환자들은 근처에 가기만 해도 몸에서 푹푹 사기(邪氣)가 느껴지기도 한다.

환자들이 치료받고 얼마나 좋아졌는지는 얼굴만 봐도 대략 알 수 있다. 처음에 온통 얼굴을 찡그리며 왔던 환자 중에 다음 날 만면(滿面)에 희색(喜色)으로 오는 환자들은 치료받고 좋아진 환자들이다. 그런가 하면 첫날 치료받고 더 아팠다고 온통 얼굴을 찡그리며 오는 환자도 있다. 좋아진 환자들을 보면 나도 기분이 좋지만, 찡그린 환자를 보면 나도 함께 기분이 편하지 않다. 무엇 때문에 그럴까 생각해보기도 하고, 치료에 있어서 부족했던 부분이 무엇인지 다시 한번 반성해보기도 한다.

그런데 아팠던 환자들을 그냥 그대로 가게 하면 안 된다. 처음 아파서 왔던 게 10이라면 나갈 때 최소한 9는 되어야 한다. 허리를 삐끗해서 몸을 구부리고 펴지도 못해서 오는 환자가 치료받고 나서 보무(步武)도 당당하게 걸어나갈 때 한의사가 된 보람을 가장 많이 느낀다. 그런데 침을 맞고 나서 오히려 더 아프다며 일어나지도 못하는 환자가 가끔 있다. 오래 엎드려 누워 있는 자세가 불편했다거나 침 자극이 너무 강했을 수도 있다. 그럴 때면 나는 대기실에서 환자를 잠깐 기다리게 한다. 그리고 손발의 혈 자리에 다시 침을 놓거나 근육을 풀어주는 마사지를 해드리곤 한다. 그러면 마치 마술같이 "어? 원장님 신기하네요. 어떻게 이렇게 좋아지죠?" 하면서 벌떡 일어나서 걷기도 한다.

중요한 건 어떻게든 환자를 한 번이라도 더 보겠다는 의사의 강력한 의지다. 그 의지가 의사에게 더 많은 노력을 기울이도록 만든다. 환자에 대해 관심을 가지게 되면 환자에 대해서 알게 되고, 알면 보이게 된다. 이 사람이 어떻게 아파서 우리 한의원을 찾았을까? 이 사람이 아픈 원인은 무엇일까? 이 사람을 어떻게 치료해야 할까? 고민해야 한다. 병만 보면 사람이 보이지 않는다. 하지만 이 사람의 직업과 행동 패턴, 생각과 생활 습관 등을 알게 되면 왜 이 병이 왔을지에 대한 답이 나온다.

매일 식당에서 팔을 쓰는 일을 해서 팔이 아프다는 환자가 있다. 아플 때면 진통제를 먹어가며 버틴다. 이 사람이 팔이 아프지 않으려면 팔을 쓰지 않아야 한다. 그런데 먹고살아야 하니 그건 힘들다고 한다. 어떤 사람은 허리 협착증으로 조금만 걸어도 다리가 저린데, 매일 아침마다 3천 보씩 걷는다고 한다. 좀 쉬셔야 한다고 하니 그건 힘들다고 한다.

한의원에 오는 사람들은 다양하다. 매일 몸을 구부려서 무거운 것을 드는 일을 하는 사람, 배달 일을 하는 사람, 잠을 못 자는 사람, 살을 빼달라는 사람, 피곤해 죽겠다는 사람…. 다들 각자의 병으로 오며 그 원인은 다양하다. 하지만 원인 없는 결과가 없듯이 병도 반드시 그 원인이 있다. 그 원인을 파악해서 적절한 처방과 치료를 제시해주는 것이

의사의 의무다.

근래 상업적인 병원들이 늘어나면서 처음 환자가 오면 사진부터 찍자거나 비싼 치료를 권하는 병원이 늘어났다. 이런 상황에서 사람들은 잘 치료해주는 의사, 양심적인 의사, 과잉 치료하지 않는 의사를 간절히 찾는다. 오죽하면 '착한 병원'만 모은 리스트가 돌아다니며 이슈가 된 적이 있었을까? 아무리 현대사회가 불신의 시대라고 하지만, 사람들끼리 믿고 사는 그런 시대가 되었으면 좋겠다. 이런 시대에서 양심적인 의사라는 것도 하나의 타이틀이 될 수 있겠다.

환자들이 한의원에 대해 가지는 첫인상은 입구를 들어서는 순간 절반이 결정되고, 의사를 마주하는 순간 나머지 절반이 결정된다고 해도 과언이 아니다. 우리가 어떤 사람을 만날 때 첫인상을 중시하듯, 환자들도 한의원의 첫인상을 중시한다. 따라서 우리가 환자들을 대할 때의 작은 제스처, 표정, 목소리 톤, 말투 등도 늘 염두에 둘 필요가 있다. 그런 요소들이 환자들이 우리 한의원에 대해 가지는 인상을 결정 짓는다.

처음 한의원을 방문했을 때 밝은 조도도 중요하다. 다른 동물들이나 식물들과 마찬가지로 사람도 밝은 곳을 선호하는 습성이 있다. 처음 들어온 한의원이 우중충하고 어두컴컴하다면 그곳에 들어설 때부터 좋은 인상을 느끼기는 힘들다. 편의점들이 손님이 없어도 항상 밝은 형광등을 켜놓는 이유가 있다. 형광등을 켜놓는 전기료보다 손님 한 명이라도 더 와서 올려주는 매상이 더욱 큰 것이다.

환자들에게 건네는 작은 배려도 중요한 부분일 것이다. 에어컨을 싫어하는 환자들은 바람을 피할 수 있는 자리로 안내한다거나, 바로 눕는 게 힘든 환자들에게는 옆으로 누울 수 있도록 베개를 드린다거나 하는 소소한 배려가 환자들에게는 큰 감동으로 다가온다.

환자들은 누워 있으면서도 결코 가만히 있지 않는다. 계속해서 뭔가를 생각한다. 또한 한의원 전체에서 들리는 소리를 전부 다 듣고 있다. 환자들을 뒤에 두고 하하, 호호, 웃고 있거나 소란스럽게 하는 건 예의에 어긋나는 일이다. 불편한 게 있으면 호출해달라곤 하지만 환자 입장에서는 "저기요"라는 말을 꺼내기가 쉽지 않다. 부스럭거리는 소리가 들리거나 불편해하는 느낌이 들면 미리 알아채고 해결해주는 센스가 중요하다고 하겠다.

'곱하기 0$(\times 0)$'이라는 법칙이 있다. 모든 숫자에 곱하기 0을 하면 0이 되듯이, 아무리 좋은 기억도 나갈 때 안 좋은 일을 겪게 되면 모두 안 좋은 기억으로 바뀌게 된다는 법칙이다. 정말 기분 좋게 치료를 잘 받았는데 나가면서 한의원 입구에서 미끄러져 넘어져서 코가 깨진다면 부정적인 기억만 남을 것이다. 혹은 다 좋았는데 마지막 나갈 때 직원의 응대에서 불만을 느꼈다면 그 불편한 기억만 남게 된다. 그래서 항상 첫인상도 중요하지만, 끝인상까지 신경을 써야 한다. 독일에는 "Endes Gut, Alles Gut"라는 속담이 있다. "끝이 좋으면 모든 것이 좋다"는 말이다.

얼마 전 아이들과 함께 〈코코〉라는 영화를 본 적이 있다. 주인공은 죽은 자의 세계에서 어릴 적의 증조할머니 코코와 고조할아버지 헥터를 만나게 된다. 죽은 자의 세계인 저승에서도 누군가에게 기억되지 못하고 잊히게 되면 진짜로 죽게 된다. 헥터도 자신을 간간이 기억해주는 딸이 기억을 잃어가자 서서히 죽음을 맞게 되는 내용이 나온다. 영화에서 흐르는 "기억해줘"라는 가사의 음악이 지금도 귓가에 울린다.

나의 한의원은 다른 이들에게 기억에 남는 한의원이 되고 있는가? 세상에 한의원은 많고, 환자들의 선택지도 그만큼 많다. 언제든 떠날 수 있는 것이 환자다. 좋은 기억과 인상으로 남아야지만 아플 때 먼저 생각나는 한의원이 될 것이다. 그렇게 가지게 되는 좋은 인상은 또 다른 사람에게도 전해지게 된다. 사람은 떠나더라도 기억은 남는다. 우리 한의원이 누군가에게 좋은 첫인상과 끝인상을 가진 한의원으로 기억되기를 바란다.

혼자 하던 한의원,
의료진 4인까지 늘리다

　내가 처음 한의원을 개원한 때가 2012년이니 올해가 한의원을 개원한 지 딱 10년 차다. 나는 한의원을 시작한 2012년부터 지금까지 단한 번도 경기가 좋다는 말을 들어본 적이 없다. 갈수록 한의원이 어렵다는 이야기를 많이 듣는다. 하지만 이런 와중에도 주변을 보면 무섭게 성장하는 한의원들이 있다. 항상 새로운 기회를 찾고 더 나은 내일을위해서 끊임없는 노력으로 매일 하루를 보내는 사람들이다. 나는 이런사람들에게 항상 기회가 찾아온다고 생각한다.

　'한의 경영 연구소(이하 한경연)'라는 단톡방이 있다. 우연한 기회에 2년 전 다른 원장님의 소개로 들어가게 되었다. 경영에 관심이 많은 원장님들이 모인 단톡방이었는데 처음 들어간 나에게는 신세계였다. 상상하지 못할 정도로 잘되는 한의원들이 많았다. 나는 항상 주변의 한의원들과 비교했기 때문에 '그래도 이 정도면 먹고살 만하다'라고 생각했지만 여기는 완전히 기준이 달랐다. 월 매출 1억 원 이하면 안되는 축에 속했다. 경영에 관심이 있는 원장님들이니만큼 새로운 것을 받아들이는 속도도 남달랐다. 서로 경영에 도움이 되는 내용을 공유하며 바로바로 실행했다. 이미 한방병원이나 요양병원을 운영하는 경영에 정통한 원장님들도 있었다. SNS가 활성화된 요즘은 집단 지성을 통해 개개인이 생각하거나 가진 정보보다 훨씬 더 많은 정보가 공유된다. 정보의 시대에서는 정보를 잘 활용하는 사람이 그렇지 못한 사람에 비해서 훨씬 더 승자가 될 확률이 높을 것이다. 지금은 한경연 단톡방이 예전만큼 활성화되어 있진 않지만 그래도 한 번씩 글을 읽으며 인사이트를 얻곤 한다.

한경연 방에서 알고 지낸 한 후배는 2년 전쯤 서울에서 부산으로 내려와서 우리 한의원을 참관하기도 했다. 한의원을 개원한 지 1년 정도 된 후배인데 이후 빠르게 확장해 지금은 부원장 5명을 둔 대형 한의원을 운영하고 있다. 빠른 습득 속도와 과감한 용기, 그리고 실천력이 넘치는 진구였다. 참관을 위해 서울에서 단숨에 내려온 자체가 대단한 실행력이라고 할 수 있겠다. 지금은 내가 오히려 한의원 운영에 대해서 이 친구에게 궁금한 것을 묻곤 한다. 지금도 끊임없이 한의원의 성장을 위해 노력하는 친구다.

2020년쯤 나도 드디어 처음으로 월 매출 1억 원을 넘게 되었다. 예전 같아서는 꿈도 꾸지 못하는 일이었다. 처음에 혼자서 아등바등하며 망해가는 한의원을 양수해서 운영해왔던 시기들이 주마등처럼 스쳐 지나갔다. 직원 2명에서 시작한 한의원은 어느새 20명을 훌쩍 넘어가고 있었다. 하지만 입원실을 운영하면서 그만큼 경비도 커졌다. 의료진과 직원의 인건비도 외래만 볼 때와는 규모가 달랐다. 또한 한의원 매출은 늘 꾸준하게 있는 매출이 아니라 언제든 다시 빠질 수 있는 매출이기 때문에 항상 불안했다. 3년 동안 일했던 부원장도 마침 계약기간이 만료되어 나가는 시기였다. 나는 이 시기를 이겨내고 한의원을 안정시키기 위해 경영 컨설팅 강의도 신청했다. 컨설팅 과정을 6개월 동안 들으면서 다른 잘되는 한의원들은 어떻게 운영되고 있는지 알게 되고, 경영에 대해 더 넓은 시각을 가지게 되었던 것 같다. 여러 가지 패키지 프로그램이라든지, 매출일지 작성, 직원들의 업무 매뉴얼 작성 등 여러 가지 운영 기법에 대해서도 배울 수 있었다. 컨설팅을 통해 배운 것을 적용해보니 실제 한의원 운영에도 많은 도움이 되었다. 그리고 주먹구구식으로 운영되던 내용들을 서식화하고 정리해보는 계기가 되었던 것 같다.

이후에도 한의원은 여러 가지로 흔들림이 많았다. 오랫동안 일했던 부원장이 바뀌고, 한의원이 정비되지 않은 상태에서 기존 환자들이 많이 이탈되기도 했다. 이런 위기 상황에서 나는 어떻게 하는 것이 한의원을 위한 탁월한 선택일까를 고민했다. 사실 이 위기가 낯설지는 않았다. 이전에도 여러 번의 위기가 있었다. 하지만 그 위기 때마다 나는 기회를 찾기로 결심했다. 주변 한의원이 신규로 들어올 때 다른 한의원과 차별화를 위해서 설진이나 도침 등의 부분 특화를 생각했고, 주변 재개발로 인해 배후세대가 빠지는 것을 예상하고 입원실 개원을 생각했다. 이번의 위기 상황에서도 나는 오히려 역으로 생각했다. 한 개 층을 더 확장하기로 결정한 것이다.

2021년 여름, 나는 입원실을 13병상에서 22병상으로 확장했다. 그리고 7층을 과감하게 밀어버리고 접수 및 외래 공간을 8층으로 이전했다. 철거한 7층에는 1인실 입원실을 만들었다. 너무 무리하는 게 아니냐는 이야기도 많이 들었다. 하지만 주변의 상황이 심상치가 않았다. 2019년에 입원실을 처음 개원할 때만 해도 부산에 있는 입원실 한의원이 다 합쳐도 몇 군데 되지 않았지만, 불과 2년 만에 우후죽순 입원실 한의원들이 생겼다. 처음에는 우리 한의원의 시설이 가장 좋은 편에 속했으나, 불과 2년 만에 평범한 곳이 되어버렸다. 게다가 대형 한방병원들도 많이 생겼다. 시설이나 쾌적성 면에서 우리가 한방병원을 따라잡을 수는 없었다. 이런 상황에서 지금 그대로 머무른다면 당장은 무리 없이 유지할 수 있겠지만 몇 년 뒤에는 점점 더 몰락할 것이 명약관화(明若觀火)했다. 다른 한의원과 구분되는 무언가 차별화된 부분이 있어야 했다. 그것을 나는 1인실 입원실과 한의원의 외래 규모 확장 및 쾌적한 공간의 마련이라고 보았다. 다행히 10여 년 한의원을 운영하면서 쌓아

온 신용이 있었기 때문에 확장을 담보로 대출이 가능했다. 무리가 되었지만 나는 과감히 변화를 택하고 한의원을 확장했다.

코로나 시기 동안 1인실 입원실을 운영할 수 있었던 것은 신의 한 수였다. 여러 명이 함께 생활하는 다인실은 사람들이 기피하지만, 혼자 쓰는 1인실은 선호하기 때문이다. 외래환자는 줄었지만 입원환자는 늘게 되면서 기사회생할 수 있었다. 지금도 입원실은 항상 1인실부터 가득 찬다. 앞으로도 1인실을 선호하는 경향은 더 가속화되지 않겠나 싶다.

확장하면서 외래를 8층으로 이전한 결정도 좋은 선택이었다고 생각한다. 7층에서는 베드가 총 9개뿐이라 항상 대기 환자들이 많았다. 그러나 8층으로 이전하면서 베드를 12개로 확장하니 오랜 시간 기다리지 않고 환자들이 치료받을 수 있게 되었다. 지압 침대와 수치료기 등 여러 물리치료 시설도 보강해서 기다리는 환자들의 편의성을 도모했다. 또한, 코로나 때문에 걱정하는 환자의 안전을 위해 부산에서는 처음으로 UV-C 램프를 치료실의 모든 베드에 설치했다. 램프를 켤 때마다 UV-C 자외선으로 환자가 누웠던 침대를 소독해준다. 또한 환자가 들어가고 나갈 때마다 한 번 더 직원들이 알코올로 소독해주었다. 그러면서 환자들로부터 여기는 늘 청결하고 안전한 한의원이라는 느낌을 받는다는 이야기를 많이 듣게 되었다.

또한 4인 체제로 가면서 원장님들의 근무시간을 탄력적으로 조절할 수 있게 되었다. 4과 원장님까지로 인원을 늘리니 하루 평균 2~3명의 원장이 진료하면서 평균 4~5일을 근무하게 되었다. 나도 4인 체제로 가면서 수요일 저녁과 목요일의 시간을 활용할 수 있게 되었다. 보통 한의사들은 개원하면 자기 시간을 내기가 쉽지 않다. 매일 진료하느라 바쁜 시간을 보낸다. 그러다 보면 내가 아는 영역 이외에는 다른 영역을 공부할 엄두를 내지 못한다. '나는 열심히 하는 사람이다'라고 자위하지만 사실 원장이 한의원에만 있는 것이 한의원을 위한 길이 결코 아니다. 한의원을 더 발전시키기 위해서는 오너의 생각과 능력이 더 커져야 한다. 그러기 위해서는 밖에 다니고 사람을 만나고 배우면서 의식이 확장되어야 한다.

나는 이틀이라는 시간을 더 확보해서 자기 계발에 투자할 수 있었다. 평소 내가 관심이 많았지만 하지 못했던 것들을 하는 데 시간을 투자했다. 지금 내가 이렇게 책을 쓰고 있는 것도 쉬는 날의 책 쓰기 과정을 통해 빠르게 책을 쓰는 방법을 공부했기 때문이다. 그런가 하면 다른 한의원을 방문하고 참관하며 장점을 습득하는 시간을 가지기도 했다. 내가 좋아하는 부동산을 공부하거나 도서관을 방문해 다양한 분야의 책을 보면서 지식을 쌓기도 했다. 또한 수요일 저녁은 평소 만나지 못하는 친구들을 만나거나 가족과 함께 소중한 시간을 보내기도 했다. 바쁜 와중에는 이런 시간이 얼마나 황금 같은 시간인지 모른다.

혼자 하는 한의원을 의료진 4인까지 늘리면서 한의원의 규모도 늘어났다. 작은 규모의 한의원을 크게 확장하면서 겪은 어려움도 많았지만, 하나하나 부딪혀가며 배워나갔다. 포기하고 싶은 위기도 겪었지만 그럴 때마다 어떻게 하면 위기를 기회로 만들어낼 수 있을지 생각했다. 또한 생각을 실행으로 옮기고, 가만히 있기를 선택하지 않고 변화를 꾀했다.

자전거 바퀴를 돌리기 위해서 처음에는 페달을 밟아야 하지만 어느 정도 가속도가 붙고 나서는 스스로 돌아간다. 비행기가 이륙할 때까지는 긴 활주로가 필요하지만, 이륙한 후부터는 자유자재로 날 수가 있다. 규모를 키우고 돌아가기까지는 오랜 시간이 걸리고 고통의 과정도 겪지만, 어느 정도 규모부터는 알아서 잘 돌아가게 된다. 앞으로도 나는 미래를 꿈꾸면서 더 확장하고 성장해나갈 것이다.

한의원에서 배운
7가지
경영 원칙

4장

진료는 기본!
시스템으로 승부하라

요즘 식당에 가보면 키오스크가 없는 가게가 거의 없다. 인건비가 오르고 비대면 시대가 되면서 점차 인력이 사라지고 기계가 대체하는 시대가 되고 있다. 코로나 사태가 길어지면서 폐업한 가게들도 늘었다. 2년간의 코로나 사태는 우리 사회에 많은 변화를 일으켰다. 사실 그 전부터 시대가 점차 그렇게 변화해왔는데, 코로나가 그 변화의 물결을 훨씬 더 앞당겼다는 표현이 맞을 것이다.

불과 10년 전을 생각해보자. 그때만 해도 스마트폰이 지금처럼 전 국민에게 보급되기 전이다. 사람들은 마트에서 장을 보는 게 익숙했지, 인터넷 쇼핑으로 물건을 사는 데 익숙하지 않았다. 그런데 지금은 누구나 손가락 터치 한 번에 물건을 산다. 밤 11시에 시킨 물건이 로켓배송으로 다음 날 새벽 5시에 도착하는 시대가 되었다.

나는 한의원에서
인생의 모든 것을 배웠다

코로나 시대가 되면서 비대면 산업들이 엄청나게 늘었다. 반면 식당이나 요식업, 노래방이나 유흥업종 등은 말로 표현할 수 없을 정도로 힘든 시기를 겪었다. 병원도 마찬가지였다. 코로나가 퍼지면서 사람들이 많이 모이는 곳은 다들 가기를 꺼렸다. 감기 환자가 많은 이비인후과나 아이들이 많은 소아과 등이 특히 심했지만, 한의원도 예외는 아니었다. 필수재인 병원은 어쩔 수 없이 가는 사람도 있었지만, 선택재인 한의원은 아예 발길을 끊는 사람도 많았다. 나 역시 코로나가 본격적으로 확산하기 시작한 2020년 3월부터는 매출이 거의 30% 이상 감소했다. 막 입원실을 열고 새로운 부원장을 구하며 본격적인 확장을 준비하던 시기였기 때문에 나로서도 큰 타격이었다.

코로나 초기 때 우리는 마스크 대란을 겪어본 적이 있다. 공급이 부족한데 수요가 많아지면 가격은 천정부지로 오른다. 하지만 공급이 충분하면 금방 가격은 떨어지게 된다. 사람들의 수요를 파악하고 행동한 사람들은 큰돈을 벌었다. 코로나 시기 초반 빠르게 안면 인식 온도계를 설치하거나 소독을 철저히 하면서 환자들에게 안전한 한의원이라는 인식을 심어주며 한 단계 더 점프한 한의원들도 있었다. 한시적으로 비대면 상담이 가능한 점을 활용해서 전화나 인터넷 상담으로 한약 및 비급여 매출을 폭발적으로 성장시킨 한의원들도 있었다. 집에만 있으면서 살이 찌거나 운동이 부족한 사람들을 상대로 다이어트로 대박 나는 한의원들도 있었다.

코로나 19라는 큰 위기가 닥쳐서 한의원 환자 수가 반토막이 나고 매출도 빠지면서 힘들었던 시기 초반에 한 선배와 만나서 이야기한 적이 있다. 선배가 해주었던 이야기가 기억에 남는다. '우생마사(牛生馬死)'에 관한 이야기로, 홍수가 났을 때 힘이 센 말은 자신의 힘을 믿고 물살을 거슬러 가려다 힘이 빠져 죽고, 소는 물살에 몸을 맡기고 유유히 떠내려가면서 조금씩 뭍으로 나가 목숨을 건진다는 이야기였다. 원래 말이 소보다 수영을 훨씬 잘한다. 그런데 홍수가 나면 말은 거의 죽고 소는 많이 산다. 말은 자기가 수영을 잘하고 힘도 있으니 급류 속에서도 물을 거슬러 빠져나오려다가 힘이 빠져 죽고 만다. 하지만 소는 가만히 떠내려가다 조금씩 강가 쪽으로 이동하다가 잡을 수 있는 것이 나오면 잡고 올라와 산다고 한다. 지붕에 올라가 기다리다가 구조도 받는다고 한다.

선배는 나보다 훨씬 이른 시기에 개원했다. 당시 유행했던 신종플루 사태 때도 지금과 비슷한 상황이었다고 했다. 힘든 시기지만 어차피 그 시기는 지나가더라고 선배는 이야기해주었다. 힘든 시기가 지나갔을 때 누군가는 살아남고, 살아남는 사람은 기회를 잡는다. 환자가 빠지기는 선배도 마찬가지였지만 6명의 부원장을 3명씩 격일로, 직원들도 절반씩만 돌아가며 출근하게 하면서 당면한 위기를 어떻게든 극복하기 위해 노력하고 있었다. 선배는 흐름에 저항하는 대신 대응책을 찾고 있었다. 지금 선배는 다시 6명의 부원장과 함께 일하며 이전보다 훨씬 더 잘되는 한의원을 운영하고 있다.

평소 바쁠 때는 내가 지금 잘하고 있는지, 잘못하고 있는지 모른다. 스스로 돌아볼 기회가 없다. 하지만 위기가 닥치면 그때가 되어서야 그동안 어떤 부분에서 잘못하고 있었는지 생각하게 된다. 위기를 겪으면서 오히려 한 단계 더 성장하게 되는 것이다. 나는 그동안 계속해서 한의원 덩치를 키우고 확장하는 데만 주력해왔다. 하지만 덩치에 맞는 시스템을 갖추지 못했다. 평소에는 잘 몰랐지만, 위기가 되니 이런 시스템의 취약점이 드러났다.

환자가 진료를 잘 받는 것도 중요하지만 제대로 된 시스템을 갖추는 것이 중요하다. 시스템의 중심에는 항상 환자가 있어야 한다. 한의원을 방문한 환자들이 편리하고 만족스러운 치료를 받을 수 있도록 하기 위해서는 기존의 시스템을 재정비할 필요가 있었다.

그동안 나는 주먹구구식으로 환자를 받고 있었다. 또한 제대로 된 예진 없이 초진 환자가 무턱대고 진료실로 들어왔다. 사실 초진 환자가 왔을 때 예진 과정이 매우 중요하다. 잘되는 한의원이나 병원을 찾아가 보면 항상 예진을 담당하는 담당실장이 있었다. 미리 환자의 몸 상태를 파악하고 필요시 검사까지도 끝낸다. 환자가 원하는 치료를 파악해서 의료진에게 전달한다.

코로나 이전에는 환자들이 문을 열고 들어오자마자 접수실에서 바로 설진기로 혀 사진을 찍었다. 모든 환자의 혀 사진을 찍고 분석할 수 있다는 점에서는 좋았다. 하지만 한편으로는 환자들이 내원하자마자 접수실 데스크 앞 의자에 앉아서 엉거주춤한 자세로 혀 사진을 찍는다는 건 그다지 좋은 그림은 아니었다. 환자에게 '내가 지금 검사받고 있다'라는 인식이 들도록 하는 것이 중요했다.

8층으로 외래를 옮기면서 예진실과 검사실을 가장 먼저 만들었다. 또한 직원 한 명을 별도로 빼서 실장님을 보조하는 부실장과 코디의 역할을 할 수 있도록 했다. 설진과 예진을 미리 시행하고 검사가 필요한 환자들은 그곳에서 검사까지도 미리 마칠 수 있도록 했다. 기본 예진에서 한 단계 더 나아간 것이지만 환자들은 그런 과정을 통해 비로소 대접받는 느낌을 받을 수 있었다.

예진 후에 원장실에서는 자세한 상담과 문진을 통해 환자의 상태를 파악하고, 전산에 내용을 기록했다. 사실 이전에는 종이 차트를 위주로 썼다. 종이 차트의 장점은 한 번에 진료 내용을 파악할 수 있다는 점이다. 환자를 진료하면서 종이 차트도 보고, 이런저런 대화가 가능하다. 단점은 매번 환자가 올 때마다 차트 장에서 차트를 빼 와야 하는 것이 일이고, 아무리 종이 차트를 손으로 빨리 기록한다 한들 컴퓨터로 입력하는 시간에 비하면 오래 걸릴 수밖에 없다는 점이었다. 나는 어떤 방법이 좋을지 생각했다. 종이 차트의 장점을 살리면서도 불편함은 없애는 방법이 없을까 연구하다 보니 방법이 보였다. 지난번 인터넷 랜선 공사를 하시던 사장님의 말씀이 문득 생각났다. 그때는 별로 귀담아듣지 않았던 이야기였다.

"예전에 전포동에 한의원 랜선 작업을 해준 적이 있는데, 거기 한의원 원장님은 태블릿을 들고 다니면서 환자 진료한 내용을 기록하던데요."

나는 종이 차트 대신 태블릿이 좋은 대안이 될 것 같다는 직감이 들었다. 쉬는 날 무작정 그 한의원을 찾아가 원장님을 만나 이런저런 이야기를 나누면서 많은 영감을 얻었다. 한발 더 나아가서 나는 태블릿을 모든 환자 베드에 설치하는 건 어떨까 생각해보았다. 윈도우즈 기반은 무겁지만, 태블릿은 모바일 안드로이드 앱 기반이기 때문에 충분히 빠른 차팅이 가능할 것 같았다. 나는 생각한 것을 실행하는 행동력이 빠른 편이다. 8층 외래를 확장함과 동시에 치료실의 모든 베드 사이마다 태블릿을 한 대씩 설치했다. 그 결과 태블릿을 활용해서 종이 차트의 장점을 살리면서도 빠르게 진료 차트를 쓸 수 있게 되었다. 노트북에서 입력한 내용을 바로 태블릿에서 확인할 수 있었고, 태블릿을 보면서 환자와 대화하며 진료할 수 있었다. 접수실에서 차트를 넣고 빼는 수고가 줄었음은 물론이다.

짧은 시간 안에 환자에 관한 다양한 내용을 원내에서 공유할 수 있게 되면서 업무의 효율성이 좋아졌다. 환자는 백인백색이라 원하는 치료도 다르고, 필요한 치료도 다르다. 어떤 사람은 부항을 세게 하기를 원하고, 어떤 사람은 침만 맞고 가고 싶은 사람도 있다. 누군가는 강한 침을 원하고, 누군가는 피부에 손만 대도 화들짝 놀란다. 이런 부분을 미리 파악하지 못하면 환자들은 치료 시에 불만이 생기고, 이것이 계속되면 환자의 이탈로 이어진다. 우리는 태블릿의 메모를 통해 환자의 특성에 대해 기록하고, 치료실 메모를 통해 치료실에서 해주어야 할 액팅을 상세히 공유했다. 환자들의 만족도가 높아졌음은 물론이다.

예약 시스템도 재정비했다. '1/w(1주일에 1번)', '2/w(2주일에 1번)'같이 환자가 다음에 언제 내원해야 하는지 구체적으로 알려주고 예약을 잡도록 했다. 대학병원에서는 예약을 잡으면서도 한의원은 마음대로 오면 된다고 생각하는 사람들이 있다. 예약에는 메리트가 있어야 한다. 예약한 분들을 우선순위로 진료받을 수 있도록 하면서 점차 예약하는 분들이 늘어났다. 여기에 더불어 네이버 예약 기능도 활성화했다. 한의원을 검색하면 네이버 포털에서 2, 3번 터치만 하면 바로 예약할 수 있다. 만족한 환자들의 리뷰도 바로 뜨기 때문에 새로운 환자 유입에도 도움이 되었다.

이처럼 하나하나 시스템을 정비하면서 환자들에게도 신뢰를 얻는 한의원을 만들 수 있었음은 물론, 효율성과 성과 두 마리 토끼를 잡을 수 있었다. 힘든 시기였던 덕분에 오히려 시스템을 정비할 수 있는 기회가 되었다. 시스템을 정비하면서 '속도'와 '피드백'이라는 것이 얼마나 중요한 것인지를 깨달았다. 시간을 절약해서 더 많은 정보를 공유할 수 있었고, 피드백을 통해 환자에게 맞춤식 진료를 할 수 있게 되었다. 예약 관리를 통해 더 촘촘하게 환자를 봐줄 수 있음은 물론이다. 위기와 기회는 동전의 양면과 같다. 나는 코로나 위기를 겪으면서 오히려 우리 한의원의 시스템을 재정비하는 기회로 삼을 수 있었다.

환자의 니즈를 넘어선
원츠를 찾아라

니즈(Needs)와 원츠(Wants)의 차이는 무엇인가? 니즈는 반드시 있어야 하는 필요성이라면 원츠는 욕구를 말한다. 니즈는 어쩔 수 없이 해야 하는 필요성과 당위성이라면, 원츠는 스스로 자발적으로 가지게 되는 욕구와 욕망을 말한다.

한의원에 누군가 허리가 아파서 왔다고 하자. 허리가 아프지 않은 것이 이 사람의 니즈다. 바쁜 시간을 쪼개서 한의원에 와야 하고, 뾰족한 침도 맞아야 한다. 하지만 빨리 낫기 위해서는 어쩔 수 없이 치료를 받아야 한다. 대부분 치료받는 것을 번거로워한다. 미룰 수 있다면 미루고 싶다. '아픈 것을 치료해야 하는 것'과 같이 필요성은 높지만 욕구는 낮은 것이 니즈다. 반면 '건강한 삶을 살고 싶다는 생각'은 원츠다. 빨리 건강을 회복해서 운동도 하고, 여행도 가고, 좋아하는 자전거도 실컷 타고 싶다. 프랑스에서 열리는 세계 자전거 대회에도 출전하고 싶다. 원하고 바라는 강한 욕구가 원츠인 것이다.

보통 사람들의 욕망이 많이 있는 곳에는 강한 끌림이 있다. 예를 들어 명품백이나 외제차는 갖고 싶은 물건이라서 욕구가 높다. 따라서 필요성을 높이는 방법을 고민하면 된다. '안전성이 좋아서 가족을 보호할 수 있다', '내구성이 좋아 잔고장이 없다'는 등의 이유가 필요한 것이다. 반면 침 치료와 같이 필요성은 있지만 욕구가 떨어지는 것이라면 욕구를 높이는 방법을 고민해야 한다. 환자 스스로 치료하고 싶게끔 해주어야 하는 것이다.

어찌 보면 의사들의 수입이 높은 것도 사람들의 필수적인 니즈를 해결해주기 때문일 것이다. 뇌출혈로 쓰러져서 48시간 골든타임 이내에 치료해야 하는 사람이라면 열 일을 제치고 빨리 치료부터 해야 할 것이다. 암에 걸려서 죽음을 앞둔 사람이라면 어떻게든 낫게만 해준다면 전 재산을 주더라도 치료받고 싶은 마음일 것이다.

천안의 한 유명한 한의원은 턱관절 치료를 통해 목이 기울어지고 머리를 떠는 사경증(斜頸症)을 해결해준다. 전 세계에서 사경증 환자들이 찾아온다. 반드시 그 질환을 치료해야 한다는 강력한 니즈가 있기 때문이다.

한편 니즈는 그다지 높지 않지만 강력한 원츠를 통해 사람들의 욕구를 자극하는 경우도 본다. 홈쇼핑을 유심히 보다 보면 여러 가지 사람

나는 한의원에서
인생의 모든 것을 배웠다

들의 구매 욕구를 자극하는 요소들이 숨어 있다. 또한 내면의 동기를 이끌어서 '나도 한번 해보면 좋겠다'는 생각을 하게 만든다. 홈쇼핑을 보다가 충동구매로 물건을 사본 경험은 누구나 한 번씩 있을 것이다. 생각도 없었다가 홈쇼핑에서 방영하는 다낭 여행 패키지 상품을 보다 보면, "아 그래, 이번 휴가 때는 다낭에 한번 가볼까?" 하는 생각을 하게 된다. 욕구에 맞춰서 필요성의 이유를 찾게 된다.

한의원에서 아픈 것을 치료해주는 것은 니즈지만, 환자의 숨겨진 원츠 또한 조금만 관심을 가지면 발견할 수 있다. 첫 번째로 환자들의 관점에서 이 사람에게 무엇이 필요할까를 생각해보면 답이 나온다. 예를 들어 시기에 따른 원츠가 있다. 여름에는 다이어트에 관심을 많이 갖는다. 누구나 날씬하고 예뻐지고 싶은 욕구가 있다. 하지만 어떻게 해야 할지를 몰라서 시작하지 못하는 사람들이 많다. 다이어트를 통해 예뻐진 모습을 떠올리게 한다면 많은 사람은 다이어트를 시작하게 될 것이다. 나 또한 그런 적이 있다. 운동을 해야겠다는 생각은 했는데, 막상 시작하려니 쉽지 않았다. 그런데 몸짱 한의사 원장님이 웃통을 벗고 '왕(王)'자 복근을 드러내며 어깨에는 반만 가운을 걸친 사진을 보았다. 그 사진을 보고 나니 나도 올여름에는 무조건 다이어트를 해야 하겠다고 생각하고 미친 듯이 운동한 적이 있다. 강력한 원츠가 생긴 것이다.

초등학생, 중학생 또래의 학부모님은 방학 때가 되면 성장에 관심을 많이 가진다. 우리 아이 키를 1cm라도 더 키우고 싶은 것이 모든 부모의 마음이다. 하지만 부모들이 한의원까지 내원하기는 쉽지 않다. 그런 부모들에게 강력한 내적 욕구를 불러일으켜야 한다. "옆집 민정이는 이번 방학 때 3cm나 더 컸다는데?" 같은 자극적인 문구를 쓸 수도 있다. "이번이 마지막 성장 기회!"라는 멘트를 쓸 수도 있다. 여름방학만 한정적으로 성장 패키지 할인 이벤트를 진행할 수도 있다.

최근 코로나 시국에도 사람들의 이러한 원츠를 발견하고 마케팅에 적극 활용하는 곳이 많았다. 우리 한의원이 코로나 시국에 1인실 입원실을 운영했던 것이 신의 한 수였듯이, 현재의 트렌드가 어떻게 흘러가는지, 지금 사람들은 무엇을 원하고 찾는지 파악하는 것이 중요하다.

장문정 저자의 《팔지 마라 사게 하라》라는 책에는 이런 내용이 있다. 1분에 125억 원의 매출을 만들어내는 쇼호스트인 저자는 사람들의 원츠를 끌어내는 몇 가지 방법을 이야기한다. 첫 번째, 기한과 한정을 두라는 것이다. 이 물건이 한정적이며 얼마 남지 않았다는 것을 강조한다. 사람들은 한정 수량이라는 것에 반응한다. 지금 사지 않으면 사지 못한다고 생각하기 때문이다. 두 번째, 키워드를 중요시한다. 이 언어가 사람들에게 어떤 영향력을 끼치는지 생각하고, 사람들이 움직일 수 있게 하는 단어를 선택해야 한다. 세 번째는 자발성이다. 사람들에게 왜 필요한지를 설명하는 게 아니라 각자가 스스로 발견할 수 있도록 해야 한다. 사람들이 거들떠보지도 않는 물건에 잠재된 '필요성'을 깨닫게 해주는 것이다.

거리두기가 해제되고 코로나가 잠잠해질 때 주변 성형외과에서 "마스크 벗기 전에 안면윤곽술", 여름이 되기 전 주변 PT 헬스장에서 "비키니 입기 전 몸짱 만들기" 등의 문구로 광고한 적이 있다. 이런 문구는 사람들의 원츠를 자극한다. 이외에도 코로나 시국에 면역력이라는 키워드도 원츠를 자극하는 멋진 마케팅이 될 수 있다. 코로나 시국 동안 면역력이 약한 사람은 쉽게 병에 걸리고 낫는 속도도 더딘 것을 우리는 충분히 확인했다. '면역력 강화'라는 키워드로 사람들의 건강해지고 싶은 욕구를 자극한다면 이 또한 훌륭한 방법이 될 수 있을 것이다.

사람들의 니즈를 해결해주는 사람이 될 것인가? 아니면 원츠를 발견해내는 사람이 될 것인가? 만약 둘 다 만족시켜주는 사람이라면 반드시 성공할 수밖에 없다. 자청의 《역행자》에서는 부자가 되려면 다른 사람이 가진 문제를 해결해주면 된다고 말한다. 니즈를 만족시켜주는 일이다. 집의 하수구를 뚫어주는 일, 가구를 조립해주는 일 등, 쉬워 보여도 생각보다 어려워하는 사람들이 많다. 1인 창업을 통해 이런 사람들의 문제를 해결해준다면 당장 돈을 버는 것이 가능하다고 말한다.

'한책협'의 김태광 대표는 성공하고 유명해지고 싶어 하는 많은 사람의 원츠를 발견했다. 그는 성공해서 책을 쓰는 것이 아니라 책을 써야 성공한다고 이야기하며, 책 쓰기 강의 과정을 통해 책을 쓰고 싶은 사람이 자신의 책을 쓸 수 있도록 도와주었다. 그의 책 쓰기 과정을 통해 지금까지 250명 이상의 작가들이 배출되었다. 그는 이러한 코칭 과정을 통해 200억 원대 자수성가 부자가 되었다. 다른 사람의 꿈을 현실로 이루어주면서 자신도 큰 부자가 될 수 있었다. 사람들의 원츠를 도와주면서 자신과 타인의 성공을 함께 이룰 수 있었던 것이다.

사람들이 한의원에 대해서 가지는 니즈와 원츠가 있다. 이 사람이 왜 우리 한의원에 왔을까? 니즈를 파악하고 해결하는 게 우선일 것이다. 거기에 더해서 그 사람이 욕구하는 것은 무엇인지를 발견하는 것이 필요하다. 니즈를 넘어선 원츠를 찾아야 한다. 그러기 위해서 오늘 나를 찾은 사람들에 대해 조금 더 관심을 기울여야 한다. 관심을 가지게 되면 그 사람에 대해 알게 되고, 알면 그 사람이 원하는 것이 보이게 되는 법이며, 그때 보이는 것은 이전과 같지 않을 것이다.

업장의 기본을
반드시 지켜라

"앉으면 눕고 싶고, 누우면 자고 싶다."

나는 이 진리를 공중보건의 입대 전 논산 훈련소 입소 기간 동안 절실히 느꼈다. 군 막사에서 빡센 훈련을 마치고 잠깐 쉬는 시간이 나면 관물대에 기대어 휴식을 취했다. 잠시라도 누워서 고된 몸을 쉬고 싶었으나 결코 훈련병에게 누울 시간은 허락되지 않았다. 앉으면 쉬고 싶고, 누우면 자고 싶은 게 사람의 본능임을 조교들은 알고 있었다. 만약 누구나 쉬고 싶은 대로 쉰다면 이 나라는 누가 지키겠는가. 잠깐의 휴식이 끝나고 나면 조교들은 훈련병들을 보채어 또 다른 훈련장으로 이끌었다. 그때 나는 한 시간이라도 제대로 누워서 쉬는 게 소원이었다. 1달의 짧은 훈련소에서의 기간이 끝나고 처음 공중보건의로 배치받았을 때 내게는 마음껏 누울 수 있는 자유가 있다는 사실에 얼마나 행복

했는지 모른다. 마음 가는 대로 살고 싶은 건 모든 인간의 본능이다. 하지만 자유 안에는 원칙이 있고, 책임이 있다. 한의원도 마찬가지다. 업장의 기본은 반드시 지켜야 한다.

'마시멜로 실험'이라는 유명한 실험이 있다. 미국 스탠포드 대학교에서 했던 실험으로, 아이의 자기 통제력과 절제성을 관찰해서 미래의 성공 가능성을 보았던 실험이다. 4살짜리 아이들에게 마시멜로 1개와 2개가 있는 접시를 주면서 실험은 시작된다. 지금 당장 먹으면 1개의 마시멜로를 먹을 수 있지만, 15분 동안 참았을 때는 2개의 마시멜로를 먹을 수 있다고 이야기한다. 이때 어떤 아이는 선생님이 나가자마자 마시멜로를 먹어치웠지만, 어떤 아이는 꾹 참고 나중에 2개의 마시멜로를 먹었다. 15년 뒤, 그 아이들이 어떻게 되었는지 보았을 때 절제하고 참을 줄 알았던 아이들이 좋은 대학에 진학하고, 사업에서도 성공한 경우가 많았다. 자기 절제가 미래 성공에 끼치는 영향을 테스트한 실험이었던 셈이다. 성공을 위해서는 눈앞의 행복도 중요하지만, 미래를 위해 참는 과정도 필요하다. 그 참는다는 건 고통스러운 과정도 이겨낼 수 있어야 한다는 것이다.

원장은 항상 한의원에 가장 일찍 출근해야 하고, 가장 늦게 퇴근한다. 직원들의 퇴근은 칼같이 보장해줘야 하지만 원장은 그렇지 않다. 아침 8시 40분부터 회진을 돌면서 하루를 시작하고, 야간진료를 하는 날이면 저녁 8시에 한의원을 마친다. 점심시간을 빼더라도 출근 시간을 포함하면 하루 12시간을 한의원에서 보낸다. 그렇지만 내 업장이기 때문에 밤을 새워서라도 할 일은 해야 한다. 요즘 우스갯소리로 "욜로, 욜로 하다가 골로 간다"라는 말이 있다. 욜로(YOLO, You Only Live Once 의 약자로 현재의 행복을 중요하게 여기는 생활방식을 말한다)나 워라밸도 중요하지만, '내 일'을 할 때는 때로 워라밸을 포기할 수도 있어야 한다.

미하이 칙센트미하이(Mihaly Csikszentmihalyi) 교수는 《몰입》이라는 책에서 몰입의 힘에 대해 언급한 바 있다. 몰입을 경험하기 위해서는 주어진 도전을 해결할 능력이 있어야 하고, 목표가 명확해야 하며, 분명한 규칙과 즉각적인 피드백이 필요하다고 이야기한다. 몰입은 평범한 사람도 10배, 100배의 성과를 내게 한다. 많은 성공자의 성공 과정에는 무섭게 집중하는 몰입 과정이 있다. 그리고 몰입 과정을 통해 크게 이루고 난 뒤 자동화 시스템으로 넘어가며, 훌륭한 조력자를 두고 운영한다. 할 때는 하고, 쉴 때는 쉰다. 나도 훌륭한 오너는 반드시 이런 몰입 과정이 필요하다고 생각한다.

또한 나는 한의원을 운영해오면서 원칙이 얼마나 중요한지를 몸소 깨닫고 있다. 장사꾼들이 목숨보다 중요하게 생각하는 것이 신뢰다. 한의원도 마찬가지다. 찾아오는 환자들이 원장을 신뢰할 수 있어야 그때부터 모든 치료가 시작될 수 있다. 원칙과 신뢰 위에 정성을 다하면 완벽해진다. 부족하지만 나는 그런 한의원을 만들기 위해 부단히 노력할 것이다.

우리 한의원에 전화하면 "정성을 다하는 전대성 한의원입니다"라는 연결 멘트가 가장 먼저 나온다. 정성(精誠)의 사전적 의미는 온갖 힘을 다하려는 참되고 성실한 마음을 말한다. 모든 에너지를 다 바칠 정도로 성의를 다하는 것을 의미한다. 모든 일에는 정성이 있어야 한다. 개원 초반에 주변 한의원이 박리다매 전략으로 갈 때, 나도 그렇게 해야 하는지 고민도 했다. 하지만 나는 시간이 걸리더라도 한 명, 한 명 정성을 다하면 환자들이 반드시 알아준다고 생각했다. 보통 환자를 보면 한 명당 2, 3분만 하면 침을 다 놓는 경우가 많지만 나는 최소 5분의 시간이 걸린다. 약침을 맞거나 도침을 맞는 경우는 침을 놓는 데 한 사람에 10분 이상의 시간이 소요되기도 한다. 처음에는 약침이 비싸다, 침값이 비싸다는 이야기가 돌기도 했으나 그런 환자들은 얼마 지나지 않아 떨어져 나갔다. 정성으로 치료해드리면 만족한 환자들은 또 다른 환자를 소개해주었다.

신기한 것이 '개업빨'은 3개월 가지만, 그 3개월 동안 원장과 잘 맞는 환자들은 끝까지 남는다. 개원은 '원장이 하는 게임'이라고 하는 말이 그 이유에서일 것이다. 한의원마다 단골 환자들의 유형이 다들 다르다. 그 이유는 원장의 유형이 다르기 때문이다. 나도 두 번 다 양수 한의원이라 처음에는 기존 환자들이 왔지만, 얼마 지나지 않아 점점 나를 찾는 환자들로 환자층이 바뀌게 되었다.

업장의 기본으로 직원들 사이의 존중도 정말 중요하다. 애플이나 네이버에서는 직원들 사이에 직급이 없다고 한다. 모두 다 같은 매니저로서 근무한다. 우리나라에서는 아직 상하 계급이나 직급이 뚜렷하다. 예전보다는 덜하지만, 윗사람의 눈치를 볼 때가 아직 많다. 한의원의 특성상 직급을 없애기는 힘들다. 하지만 모두 동등한 위치에서 목소리를 낼 수 있어야 한다. 청소 이모님이나, 일요일 알바 선생님도 모두 다 소중한 우리 한의원의 직원이다. 나는 복지 혜택을 모든 직원에게 동일하게 적용하려고 노력하며, 아무리 가까운 직원이라도 서로 존중해주는 언어를 사용하라고 늘 강조한다.

코로나 시대가 되면서 청결도 정말 중요한 요소 중 하나가 되었다. 예전에는 식당을 갈 때 맛이 최우선의 요소였다면 지금은 청결이 최우선의 요소라고 한다. 몸을 다루는 병원은 환자들이 청결에 특히 더 민감하다. 하루는 한 입원실 환자에게서 바닥 청소가 깨끗이 잘 안 되어 있다는 이야기를 들었다. 우리는 매일 바닥을 보고 있지 않지만, 입원하는 환자들은 매일 천장에 떠다니는 먼지를 본다거나 바닥에 묻어 있는 때를 본다. 그만큼 청결에 예민할 수밖에 없는 것이다. 우리의 시선에서 보는 것과 입원환자의 시선은 완전히 다르다. 우리가 한의원에 근무하는 이상, 늘 환자들의 시선에서 생각해야 한다.

또한 긍정적인 생각이 중요하다. 생각은 말이 되고, 말은 행동이 되며, 행동은 습관이 된다. 말에는 행동을 이끄는 에너지가 있다. 믿는 대로 말이 나오게 되며, 말한 대로 이루어진다. 그래서 나는 긍정적인 말을 좋아한다. 나는 직원들이 '안된다'는 말을 할 때면, '어떻게 해야 하는가?'에 대해서 반문한다. '안되는 것'에 집중하면 안될 수밖에 없다. 안되는 이유를 찾으면 천만 가지라도 찾을 수 있다. 한의원이 안되는 이유도 마찬가지다. 안되는 한의사들은 안되는 이유를 계속해서 찾는다. 추워서, 더워서, 위치가 안 좋아서, 주변에 한의원이 많이 생겨서…. 하지만 핑계를 외부에서 찾는다면 끝이 없다. 한의대를 간 사람도 나고, 한의원을 개원하기로 선택한 사람도 나다. 주위의 환경을 탓하지 말고 '지금 여기, 이 순간, 나는 어떻게 해야 하는가?' 하는 질문에 답해야 한다.

환자와의 약속도 칼같이 지켜야 한다. 한의원의 진료 시간은 환자와의 약속이며, 예약을 하는 것도 환자와의 약속이다. 약속을 지키지 못하면 신뢰가 깨진다. 그래서 진료 시간은 신중하게 선택해야 하며, 결정했다면 지켜야 한다. 예약한 환자를 마냥 기다리게 하는 것도 신뢰에 어긋나는 행동이다. 마찬가지로 밥먹듯이 예약을 펑크 내는 환자도 신뢰를 깨뜨리는 것이다. 점심시간에 걸려오는 전화도 마찬가지다. 점심 때 접수실에 대기하는 직원이 있지만, 잠깐 화장실을 가거나 쉬면서 전화를 놓칠 때도 있다. 이런 부재중 전화는 나중에라도 챙겨야 한다. 나는 항상 전화 하나가 수백, 수천만 원의 가치를 할 수도 있다고 이야기한다.

그 전화가 공진단 1,000만 원치를 사려던 전화일지 어찌 알겠는가.

나는 한의원을 통해 처음 내 사업을 시작했고, 대규모 한의원으로 확장하면서 경영에 대해 눈뜨게 되었다. 규모가 커지면서 처음의 마음을 가끔 잊고 지낼 때도 있다. 돈을 벌기 위해서 일한다고 생각하면 우울해질 때도 있다. 그럴 때면 얼른 정신을 차리고 결코 초심을 잃지 말자고 다짐한다. 우리는 만나는 사람들을 통해 복을 받는다. 카르마는 윤회한다는 말이 있고, 옷깃만 스쳐도 인연이라는 말이 있다. 매일 지하철을 타고 출근하면서 옆에 앉아서 옷깃을 스치는 사람도 인연인데, 매일 출근해서 하루 8시간 이상을 부대끼는 직원들과 나를 찾아 멀리서 와주시는 환자들은 말해서 무엇하겠는가. 힘들 때일수록 초심으로 돌아가야 한다. 처음 내가 한의원을 개원했을 때를 생각하면서 처음 그 마음을 변치 말자고 다짐한다.

〈방망이 깎던 노인〉의 일화가 생각난다. 노인은 누군가 칭찬하지 않아도 묵묵히 방망이를 깎는다. 노인은 다른 이들의 재촉과 항의에도 아랑곳하지 않고 자신이 만드는 방망이가 최선의 것이 될 때까지 시간과 정성을 들인다. 점차 사라져가는 전통의 장인 정신의 가치를 방망이 깎던 노인을 통해 느낀다. 우리 사회는 지금 이런 원칙과 믿음이 필요한 시대가 아닌가 생각한다. 우리 한의원도 그런 원칙과 믿음 위에서 운영하는 한의원으로 만들고 싶다.

한약이 아닌 감동을
처방하는 한의원

한약을 짓는다는 건 환자에게도 의사에게도 정말 정성이 필요한 일이다. 침은 5분 정도만 놓으면 되지만, 한약 상담은 기본 20분 이상이 소요된다. 우선 환자의 몸 상태를 파악하기 위해 문진표를 통해 정확한 건강 상태를 진단한다. 또한 혈압과 맥파를 검사하고 원장실에 들어오게 된다.

"어디가 아파서 오셨어요?"

"언제부터 아프셨어요?"

이런 기본 문진부터 시작해서 세세한 항목까지도 물어보게 된다. 환자와 대화하면서도 많은 정보를 얻는다. 앞서 이야기했지만, '망문문절'에서 으뜸은 문진(問診)이다. 의사는 환자의 모든 행동과 말투 등에서 정보를 얻는다. 한약 처방을 하는 것은 마치 재단사가 옷 하나를 재

나는 한의원에서
인생의 모든 것을 배웠다

단하는 것과 같다. 정성을 들여 상담해야 좋은 처방이 나온다. 10여 년의 임상을 해왔지만, 한약 한 제를 처방하기 위해서 지금도 한참을 고민하곤 한다. 내가 처방하는 약재 하나하나가 그 사람의 몸 상태를 완전히 바꿀 수 있다고 생각하면 하나라도 허투루 처방할 수가 없다.

한약을 처방하는 데는 다양한 방식이 있다. 후세방과 고방, 사상방 등의 처방이 있는데, 나는 환자의 상황에 맞추어 다양한 처방을 사용한다. 사상방(四象方)은 이제마가 창안한 사상체질의학에 근거한 처방이다. 사람들에게는 4가지 체질이 있으며, 각각 장부 기능이 강하고 약함이 다르기에 그에 맞추어 장부의 기능을 회복시켜주는 한약을 사용한다. 고방(古方)은 상한론(傷寒論)에서 주로 사용되는 처방이며, 후세방(後世方)은 금원사대가(金元四大家) 이후 동의보감과 방약합편(方藥合編) 등에서 많이 사용되는 처방이다. 중요한 것은 지금 환자에게는 어떤 처방을 쓰는 것이 가장 적방(適方)일까 하는 것이다. 처방은 결국 하나에서 만난다. 환자는 어쨌든 잘 낫는 게 중요하다. 반드시 하나의 처방 원칙을 고집할 필요는 없다.

우리 한의원에는 필수 원칙이 있다. 내가 먹을 한약이 아니면 환자에게도 처방해주지 않는다는 것이다. 중국산 약재와 중금속 한약 등이 뉴스에 나오면서 아직도 한약이 간에 나쁘다고 생각하고 걱정하는 환자들이 있다. 이미 여러 연구에서 근거 없는 이야기라고 확인된 바 있다. 나는 이렇듯 걱정하는 이들에게는 우리 아이들과 아내도 지금 여기서 달인 한약을 먹는다고 이야기한다. 실제로 아내와 아이들은 지금도 내가 수시로 한약을 지어준다. 아내는 아이 셋을 낳을 때마다 몸조리를 도와주는 한약을 먹고 덕분에 빠르게 몸을 회복할 수 있었다. 몸이 마르고 약한 편인 아내는 지금도 가끔 이야기한다.

"내가 한의사 와이프가 아니었으면 벌써 아파 죽었을지도 모른다."

아이들도 돌도 되기 전부터 몸이 안 좋을 때는 한약을 지어서 분유에 타서 먹이기도 했다. 그랬던 아이들이 자라서 어느 덧 첫째가 벌써 열두 살이다.

한약은 원내에서 달인다. 원외탕전(院外湯煎)에 맡기면 편하지만 아무래도 나는 내가 직접 보고 약을 달여서 환자에게 주는 게 좋다. 어찌 보면 옛날 방식이기도 하지만, 환자들도 그랬을 때 더 안심하고 한약을 먹을 수 있다. 한약을 먹고 좋아졌다는 환자들의 이야기를 들을 때가 한의사로서 가장 기분이 좋다. 처방할 때는 머리를 싸매서 고민해서 처방전을 내곤 하지만, 환자들이 좋아졌다는 이야기를 들으면 모든 스트레스가 눈 녹듯 사라진다.

한약재를 고를 때도 마찬가지다. 여러 약업사의 약재를 비교해보고 조금 더 비싸더라도 좋은 품질의 약재를 선택한다. 내가 먹을 한약이 아니면 남에게도 줄 수 없기 때문이다. 한의원에서 쓰는 전문한의약품 한약재는 식약처 허가 기관에서 약재의 중금속과 잔류 농약에 대해 모두 검수해서 깨끗하고 안전하다고 확인된 한약재다. 내가 안심하고 먹는 한약이어야 환자들도 안심하고 먹지 않겠는가.

이렇게 달인 한약은 마지막까지 검수해서 정성스럽게 포장해서 보낸다. 한약 박스 안에는 한약을 쉽게 복용할 수 있도록 작은 커터칼도 넣어두는데, 환자를 위한 작은 배려다. 그리고 복용법을 반드시 써서 보낸다. 매번 약을 지을 때마다 복용법을 쓰는 일은 보통 일이 아니지만, 복용법을 통해 환자들이 한약을 다시 처방할 수 있게 된다.

《물은 답을 알고 있다》라는 책을 보면 좋은 물은 결정부터 다르다고 한다. 한약 또한 좋은 물로 달인 한약이 효과가 더 좋을 수밖에 없다. 나는 약을 달이는 물에 따라 약의 효과도 달라진다는 것을 알고 있다. 예전 부원장으로 일했던 한의원에서도 한약을 달이기 위해, 일부러 부산의 통도사 백련암까지 가서 물을 실어 왔다. 어떤 한의원에서는 백두산에서 취수한 물인 백산수(白山水)만을 한약을 달일 때 쓴다는 이야기도 들은 적이 있다. 우리 한의원에도 정수기가 2대 있다. 하나는 대기실에서 사용하는 일반적인 음용을 위한 정수기고, 하나는 탕전실에 있는 정수기다. 이 탕전실의 정수기는 특별히 약알칼리성 물을 정수해주는 정수기다. PH 7.5~10 미만의 물로 몸에 좋은 칼슘, 마그네슘, 칼륨 등의 무기질 성분을 다량 함유하고 있다. 하루 음용 적정량을 꾸준히 마시면, 산성화된 탁해진 혈액을 알칼리성으로 바꿔줘 몸 안의 신진대사를 원활하게 해주는 것으로 알려져 있다. 그래서 나는 이 약알칼리성 정수기에서 정화된 물만을 한약을 달일 때 사용한다.

예전에 드라마 대장금에서 의녀 장금이가 한약 한 첩을 달이기 위해 호호 약탕기를 불어가며 약을 지었던 장면이 생각난다. 한약을 짓는 데는 3가지의 정성이 필요하다고 한다. 첫째는 달이는 정성, 둘째는 짓는 정성, 셋째는 먹는 정성이다. 이 3가지 정성이 합쳐져야 비로소 효과를 볼 수 있다. 정성을 다해 달여야 하고, 약을 포장하고 보낼 때도 정성을 다해야 한다. 환자들이 정성껏 먹을 수 있도록 정확히 알려주는 것도 기본이다.

나는 한약 한 제를 보낼 때도 항상 복용법을 넣는다. 한약 복용법을 쓰는 것은 처음에는 쉬운 일이 아니었다. 환자가 어떤 증상이 있는지, 어떤 병명인지를 진단하고, 처방한 한약은 어떤 약재를 써서 처방하는 약인지를 명시했다. 또한 하루에 몇 번 복용하며, 향후에 치료를 위해서 몇 제 정도가 필요한지에 대해서 기록했다. 이렇게 복용법을 상세히 기록하면 환자들은 한약을 먹으면서 제대로 치료받고 있다는 것을 느낀다. 한 제에 2~30만 원, 녹용 한 제는 5~60만 원씩 하는 한약은 환자들에게 적은 돈이 아니다. 큰마음을 먹고 한약을 지은 환자들이다. 그들이 만족하기 위해서는 우리도 그만큼 정성을 다해 복용법을 써줘야 한다.

한약은 1달분(2제)을 지은 경우 보름분(1제)이 끝나기 전에 해피콜을 한다. 그리고 한약을 드시면서 몸 상태가 어땠는지, 불편한 데는 없었는지 확인하고 2번째 처방을 짓는다. 첫 번째 약을 지었던 사람들은 대

나는 한의원에서
인생의 모든 것을 배웠다

략적인 체질을 파악하고 있기에 두 번째 한약을 지을 때는 처방에 많은 고민을 들이지 않아도 된다. 일반적으로 몸 상태가 변화하기 위해서는 빠르면 1달이지만 길게는 6개월 이상 꾸준히 복약이 필요하기도 하다. 환자에게도 몸 상태의 개선을 위해서 한약 치료의 필요성을 충분히 설명한다. 이렇게 했을 때 비로소 연속된 한약 처방이 나가게 된다.

만약 내가 돈 욕심에 환자에게 과잉 진료를 권하면 환자들도 귀신같이 눈치챈다. 그리고 다시는 그 병원을 찾지 않게 된다. 경험이 적은 한의사들이 가장 어려워하는 부분이 이 부분이다. 내가 권하는 진료가 환자에게 부담이 되지 않을지, 그로 인해 나를 찾지 않으면 어떡하지 하는 생각을 하게 된다. 하지만 우리가 말로 하는 것은 사실 전체 언어의 10%에 불과하다고 하지 않는가. 환자는 의사의 눈빛과 확신, 그리고 말에서 느껴지는 진정성을 보고 몸을 맡겨도 될지 결정한다. 사람들의 소비는 항상 이성이 아니라 감성에서 이루어진다고 했다. 스스로 치료에 대한 확신이 있어야 환자에게도 권할 수 있게 된다.

재미있는 것은 침 환자는 침 환자를 소개해주고, 약 환자는 약 환자를 소개해준다는 점이다. 약을 먹고 효과를 본 환자는 마치 제비가 박씨를 물고 오듯 또 다른 환자를 데리고 왔다. "여기서 약을 먹으니 좋아졌다", "약을 좋은 걸 쓰더라"라는 입소문이 퍼지면서 멀리서도 환자들이 찾아왔다. 설령 효과를 못 봤다 하더라도 "원장님이 이렇게까지 신경 쓰는데, 내가 나아야 안 되겠습니까?" 하고 열심히 치료를 따라왔다. 단순한 한약을 짓는 것이 아닌 '감동'을 처방하는 한의원이 되고, 매출을 올리는 것이 아니라 환자와 관계를 먼저 쌓고, 한약이 아닌 신뢰를 먼저 처방한 결과였다.

한의원이라는 곳은 특히나 아픈 환자들이 몸을 맡기러 오는 곳이기 때문에 항상 환자들은 불안할 수밖에 없다. 내 병이 무슨 병일까? 더 아프면 어떡하지? 여기서 치료하면 나을까? 하는 여러 가지 생각들에 불안하다. 이런 상황에서 마음을 알아주는 의사를 환자들은 원하고 있다. 환자의 언어에 귀를 기울여 듣고, 하나를 처방하더라도 '내가 꼭 당신의 병을 낫게 해주겠다!' 하는 마음으로 대하면 환자들도 반드시 그 마음을 알아주었다. 그것이 한약이든 무엇이든 말이다.

적은 비용을 아끼지 말고
과감하게 투자해라

나는 어릴 때부터 돈을 아껴 써야 한다는 생각이 많았다. 부모님은 공무원 외벌이에 정해진 월급을 받으셨기 때문에, 늘 절약을 중요하게 생각하셨다. 나도 무조건 아껴 쓰는 게 중요했다. 초등학생 때, 가족여행을 갈 때도 경비를 얼마를 썼는지는 항상 내가 체크했다. 당시 기름값이 리터당 800원 할 때였는데, 일주일 동안의 가족여행 기간 내내 10만 원 이하로 기름을 넣자고 주장했던 사람도 나였다.

나는 돈을 빨리 벌고 싶었다. 그래서 공중보건의를 제대하고 나서 바로 부원장으로 취직했다. 한푼이라도 더 주는 곳을 택했음은 물론이다. 내가 부원장으로 근무했던 곳은 다른 곳에 비해서 월급이 50만 원 이상 많은 곳이었다. 돈을 빨리 벌고 싶은 욕심은 주식 투자로도 이어졌다. 섣부른 주식 투자로 큰 실패를 맛보며 6,000만 원 이상의 손실을 보기도 했다. 그 당시 나는 죽고 싶다는 생각을 여러 번 했다. 한 달에 100만 원씩 저축해도 다 갚으려면 무려 5년 이상의 시간이 걸리는 돈이었다. 남들과 비교해 5년이나 인생이 뒤처진다 생각하니 너무나도 우울했다. 아무 일도 손에 잡히지 않았다. 길을 가면서도 '저 사람은 빚이 하나도 없는 사람이겠지'라고 생각하며 얼마나 부러워했는지 모른다. 부원장으로 근무하면서 받는 박봉으로는 빚을 갚기가 힘들었다. 그래서 나는 일찍 개원을 택하게 되었다. 빨리 빚도 갚고, 돈도 벌고 싶었기 때문이다. 개원을 하는 것이 더 리스크는 있었지만 그래도 부원장보다는 수입이 나았기 때문이다.

돈에 대해서 예민한 나였기 때문에 개원 초 매출이 마음같이 올라오지 않을 때 정말 절망하기도 했다. 어떻게든 한의원이 잘되어야 한다는 절실함은 나에게 무엇이든 부딪혀보게 했다. 독일과 미국까지 가야 하는 의식 성장 코스를 신청해보기도 하고, 매주 서울에 올라가서 강의를 듣고 새벽 버스를 타고 내려오기도 했다. 코스 비용이나 강의 비용도 만만치 않았다. 몇백, 몇천만 원이나 되는 강의료를 내면서 나는 많은 것을 배웠다. 그런데 희한했다. 배운 대로 하나하나 실천해보니 한의원이 변화하는 것을 느꼈다. 누가 그 비싼 가격을 주고 강의를 들을까 생각했었는데 좋은 강의는 정말 비싼 값을 했다. 비싼 비용을 냈기 때문에 죽기 살기로 열심히 한 덕분도 있을 것이다.

어떤 책에서 본 내용 중, 세상의 모든 진리를 죽기 전에 단 하나의 말로 표현한다면 무엇일까? "세상에 공짜는 없다"라는 말이다. 비용이 드는 것은 항상 그만한 가치를 했다. 가만히 생각해보면 그동안 나는 항상 싼 것만을 추구했다.

17년 전 친구와 함께 인도 여행을 한 적이 있다. 그때 푸쉬카르라는 도시를 여행했는데 더운 날씨에 땀을 뻘뻘 흘리며 몇 시간을 걸었다. 당시 인도에서 삼다수와 같은 아쿠아피나 생수 한 병이 20루피(300원) 정도 했다. 그런데 걷다 보니 어떤 가게에서는 한 병에 15루피(230원) 정도에 파는 게 아닌가. 무심코 그곳을 지나쳤는데 다른 곳 어디를 둘러봐도 그만한 가격으로 파는 곳이 없었다. 나는 불과 5루피(70원)를 아끼기 위해서 30분 이상 왔던 길을 다시 걸어서 그 가게에서 생수를 샀다. 물론 돈 없고 시간 많은 대학생이라지만, 지금 생각해보면 '70원을 아끼기 위해 목숨을 걸었구나' 하는 생각에 피식 웃음이 나기도 한다.

결혼 초에는 오래된 차인 싼타모를 끌고 다녔는데, 주유소에서 기름을 넣을 때마다 기름 한 방울이라도 바닥에 떨어질까 봐 주유총을 마지막까지 탈탈 털고 한참 뒤에 타기도 했다. 기름값이 아까워 싼타모의 연비를 높이기 위해서 뒷자리 시트를 모두 떼버리기도 했다. 지금도 아내는 내가 그 당시는 심하다 싶을 정도로 짠돌이였다고 이야기한다. 아내는 내 성향과 반대다. 필요 없는 일에는 아내도 돈을 잘 쓰지 않지만, 꼭 필요한 게 있으면 아끼지 않고 쓴다. 아내는 물건에는 비싼 만큼 이유가 있다고 생각한다. 처음에는 그런 게 어디 있냐고 했는데, 실제로 살다 보니 그랬다. 비싼 물건은 잘 해지지도 않고, 고장 나지도 않고, 그 가치를 했다. 내가 산 물건들은 얼마 지나지 않아 부서져버린 게 많았지만, 아내가 산 물건은 지금까지도 집에서 잘 쓰고 있는 것들이 많다.

첫 개원 때는 손가락에 끼우는 30만 원짜리 맥파 검사기 하나조차 중고로 아껴서 반값으로 구매했다. 체지방 분석기인 인바디 기계를 10만 원이라도 싸게 사려고 서울까지 올라가서 실어 오기도 했고, 안마의 자도 인터넷 검색으로 가장 싼 걸로 구매했다. 그러나 지금 나는 그러지 않는다. 필요하다면 비용이 들더라도 투자가 필요하다는 것을 경험으로 느꼈기 때문이다. 매몰 비용보다 창출할 수 있는 이익이 더 크다면 투자해야 한다. 투자를 통해 부가적인 가치를 높이는 일이라면 더욱 그렇다. 무형적으로 투자의 필요성에 대해서 절실히 느꼈던 것이 강의였다면, 유형적으로 느낀 것은 입원실의 확장이었다. 입원실을 구비하기 위해서는 많은 돈이 든다. 인테리어 공사라든지 침대와 편의시설, 추가적인 인건비와 월세 등 생각지도 못한 많은 돈이 나간다. 이 비용을 상쇄하고도 남을 만큼의 이익이 발생해야만 투자가 가능한 것이다. 보통 확장을 생각하는 사람들은 1차적으로 여기서 고민하게 된다. 과연 내가 그 이상으로 매출을 올릴 수 있을까? 걱정 때문에 시도조차 하지 못하게 된다.

모든 시도에는 리스크가 있다. 리스크가 적으면 적을수록 안정적이지만, 역설적으로 불안정하다. 회사에서 정해진 월급만 받으면 결코 부자가 될 수 없다. 하지만 그렇다고 크게 망하지도 않는다. 대신 새로운 시도를 한다면 크게 성공할 수도 있지만 망할 위험도 존재한다. 나는 그것을 리스크에 대한 비용이라고 생각한다.

투자한 만큼 반드시 고객은 알아주게 되어 있다. 한의원의 경우, 투자는 환자에게 더 좋은 진료와 시설로 돌아간다. 결국 환자에게 플러스가 되는 일이다. 환자는 원장의 그런 노력을 고맙게 생각한다. 이왕이면 더 좋은 시설과 더 좋은 진료를 받고 싶은 게 모든 사람의 본능이기 때문이다.

"장사는 이익을 남기기보다 사람을 남기기 위한 것이다. 사람이야말로 장사로 얻을 수 있는 최대의 이윤이며, 신용은 장사로 얻을 수 있는 최대의 자산이다."

조선 후기의 거상 임상옥이 한 말이다. '어떻게 하면 한 명이라도 더 우리 한의원에서 만족할 수 있을까?' 하는 물음에서 모든 마케팅이 시작한다고 보아도 과언이 아닐 것이다.

2019년 입원실을 처음 오픈하면서 대규모 투자를 단행했다. 7층과 8층의 대규모 공사를 하면서 큰 비용이 들었다. 사실 이전하기 전 많이 고민했다. 내가 멀쩡한 한의원을 두고 굳이 새로운 공사비용을 들면서까지 위층으로 올라갈 필요가 있을까? 올라가서 과연 잘된다는 보장이 있을지, 이런 리스크를 감안하고 과연 무리해서 올라가는 게 맞을지 등 여러 생각이 들었다. 그런데 반대로 생각해보니 확장하지 않았을 때의 리스크도 무척 컸다. 주변에 한방병원이 우후죽순 생기고 있었고, 입원실 한의원들도 대규모 최신식 시설을 갖추어 속속들이 생기고 있었다. 이대로 있다가는 있는 환자들까지 모조리 빠져나갈 것임은 자명했다. 당시 진료실을 8층으로 이전하기 전, 7층 바닥의 타일을 보면서 생각했다. '아, 이 멀쩡한 타일을 부숴버리기 아깝다.' 하지만 부술 때는 과감히 부숴야 한다. 과감히 7층에서의 철거를 결정하고 8층으로 이전했다. 덕분에 나는 외래를 좋은 시설로 확장하고, 1인실 입원실 9병상을 더 확장할 수 있었다. 또한 지난 코로나 위기 때 수많은 병원이 폐업하거나 양도하는 위기 속에서도 선방할 수 있었다.

당시 인테리어 비용으로 거의 3억 원 이상의 비용이 소요되었다. 하지만 인테리어를 하고 나서 많은 사람이 한의원이 예쁘고 멋지다며 칭찬했다. 처음 내원하는 환자들도 "우와 여기는 대학병원 같네요"라고 감탄하곤 했다. 환자들의 만족도도 높아졌지만, 직원들의 만족도도 높아졌다. 직원들도 예전의 좁은 공간에서 종일 서서 근무해야 하는 환경에서 벗어나 서로 마주 보며 앉을 수 있게 되었다. 업무 효율성도 높아졌고, 더 즐겁게 일할 수 있게 되었다. 직원들이 즐겁게 일하는 환경에서 일의 능률은 더 오른다.

얼마 전 2019년 6월부터 추나요법이 건강보험에 편입된 적이 있다. 나도 이때 추나요법 기계를 곧바로 한의원에 도입하고 추나 베드를 적극적으로 활용했다. 또한, 척추의 압력을 줄여주는 기계인 척추 감압기도 최신형으로 도입했다. 추나만 받고 아쉬운 환자들이 척추 감압기를 통해 한 번 더 감압치료를 받고 만족할 수 있기 때문이다. 최근에는 한의원 각 층에 척추지압침대를 총 4대를 도입했다. 비록 거금이 들었지만, 대기하는 환자들이나 물리치료를 원하는 환자들이 아주 좋아했다. 다른 한의원에는 없고 우리 한의원에만 있는 특별한 무언가가 있을 때 환자들은 찾아온다.

최근에는 책 쓰기 과정과 한의원을 알리는 유튜브 과정 등의 강의를 듣는 데도 비용을 아끼지 않고 있다. 투자 중에서 가장 좋은 투자는 나에 대한 투자라고 생각한다. 나의 업무 능력을 끌어올릴 수 있다면, 훨씬 더 많은 일들을 효율적으로 할 수 있게 된다. 투자는 반드시 결과를 만들어내는 것을 염두에 두어야 한다. 큰 투자를 앞두고 있다면 항상 이 투자가 어떤 결과를 나에게 만들어줄 수 있는가를 깊이 있게 고민해 보고, 만약 해야 한다고 결정했다면 뒤돌아보지 않고 빠른 속도로 실행에 옮겨야 한다. 생각만 하고 투자하지 않으면 아무것도 이루어지지 않는다. 심사숙고는 필요하지만, 나를 바꾸는 것은 결국 행동이다.

그렇다고 나는 큰돈을 마구 쓰지는 않는다. 요즘도 아메리카노 커피 한 잔을 일부러 한 달에 한 번 1,000원 하는 행사 때를 기다렸다가 사 먹기도 한다. 똑같은 물건이라면 지금도 인터넷에서 100원이라도 아껴서 사기도 한다. 하지만 예전과 다른 점은 한의원을 위해서 꼭 필요한 돈은 아끼지 않는다는 것이다. 그것이 나에게 몇 배, 몇십 배의 이득으로 돌아온다는 사실을 알기 때문이다. 적은 돈은 아껴야 하지만, 큰 투자는 아끼면 안 된다. 특히 그것이 환자에 대한 투자라면 그렇다. 환자의 마음은 한 번 돌아서면 다시 돌아오기 힘들다. 환자가 편리하고 행복하게 진료받을 수 있는 공간과 환경에 대한 투자라면 결코 아껴서는 안 될 것이다.

소비자를 생산자로 만들어라

　우리 한의원에서 가장 중요하게 생각하는 것이 있다. 바로 치료 후기다. 치료가 잘되어서 치료를 좋게 마무리하는 분들께는 꼭 치료 후기를 받도록 직원에게 부탁한다. 치료 후기는 정말 중요하다. 처음 오는 환자들은 이 한의원에 대해서 두려움이 있기 마련이다. 내가 이 한의원에서 치료받아도 괜찮을까? 쓸데없는 비용만 지출하지 않을까? 여기서 치료하면 과연 잘 될까? 여러 가지 두려움을 가지고 내원한다.

　마케팅 중에 가장 효과가 큰 것이 구전 마케팅이라고 한다. 소개로 오는 환자들은 일단 이런 두려움은 절반은 없이 내원한다. 그래서 내가 제시해주는 치료계획을 잘 따라온다. 치료 후기는 이런 구전 마케팅의 일환이라고 생각한다. 다른 사람들이 치료받고 좋아진 케이스들을 보면 환자들은 안심한다. '아, 이 한의원은 이렇게 많은 진료 경험이 있구나, 치료가 잘되겠네!' 하고 생각하게 된다. 실제로 그것은 높은 재진율과 높은 치료율로 이어진다.

우리 한의원에서는 네이버 리뷰도 적극적으로 받는다. 치료받고 좋아진 환자분들께는 네이버에 리뷰나 평점도 적극적으로 남겨달라고 부탁한다. 〈갑순이와 갑돌이〉라는 노래의 가사 내용을 보면, 갑순이와 갑돌이는 서로 좋아하지만, 좋아한다는 말 한마디를 못 해서 결국에는 다른 곳에 시집, 장가간다. 그렇게 되어서는 안 된다. 마음을 모르는 채로 끝나면 안 된다. 이제는 적극적으로 PR을 해야 하는 시대다. 좋아졌으면 좋아졌다고 다른 분들께도 알려달라고 해야 한다.

일반적으로 한 명의 초진을 유치하기까지 마케팅 비용이 20만 원 정도 든다고 한다. 그 초진을 유치하기 위해 얼마나 많은 에너지를 소모하는지 모른다. 우리 한의원은 규모에 비해서 광고 비용이 많지 않다. 대신 한 번 내원했던 환자는 반드시 3일 동안 3번 내원(처음에는 그냥 치료, 다음에는 다시 확인, 세 번째는 소개 확인)할 수 있도록 한다. 장기적으로 치료를 받아야 하는 환자들은 7번째 내원에는 반드시 한 명을 소개할 수 있도록 정성을 다해 치료한다. 그것을 우리 한의원에서는 '3-3-7 전략'이라고 부른다.

사람들은 생각보다 이타적이지 않다. 만족하지 않는데 다른 사람을 결코 소개해주지 않는다. 마음에서 진정 우러나와야만 진심으로 다른 사람을 소개해준다. 한 명의 초진이 왔을 때, 그 사람이 반드시 새로운 초진을 소개해줘야 환자가 늘어난다. 우리는 알게 모르게 지금까지 살아오면서 수많은 사람과 관계를 맺으며 지낸다. 페이스북에서 실험한 결과에 따르면 우리는 불과 여섯 다리만 건너면 전 세계 모든 사람과 직접적으로 연결되어 있다고 한다. 한 명의 환자를 한 명의 환자로 보아선 안 된다. 그 사람 뒤에는 135명의 초진이 있다고 보아야 한다. 한 명의 환자를 보면서 135명을 볼 때의 정성을 쏟는다면, 당연히 그 한의원은 잘될 수밖에 없다.

대한민국에서 인터넷 검색 포털의 70%를 네이버가 점유하고 있다고 한다. 오늘 아파서 한의원을 가야겠는데 어느 한의원을 가야 할까 고민할 때 가장 먼저 켜는 앱이 네이버다. 네이버를 켠 후에 부산한의원, 발목 한의원, 팔꿈치 한의원 등 키워드를 검색한다. 이때 우리 한의원이 나왔을 때, 첫인상은 사진과 리뷰로 결정된다. 이때 깔끔하고 좋은 느낌의 사진과 리뷰가 있다면 좋은 인상은 뇌리에 깊게 각인된다. 인간은 무리를 따라가는 습성이 있다. 이것을 '밴드 왜건(Band Wagon)효과'라고 한다. 좋은 리뷰가 있는 곳은 선택될 확률이 높아진다. 아무리 내가 진료를 잘하고, 치료를 잘했다 하더라도 알려지지 않으면 아무 소용이 없다. 단지 치료를 받은 환자 한 사람의 마음속에만 있을 뿐이다. 이 사람이 구전 마케팅으로 친구와 부모님을 데리고 와야 의미가 있다. 또는 네이버 리뷰나 치료 후기를 통해 또 다른 사람들이 올 수 있어야 의미가 있다. 따라서 좋은 리뷰와 평점은 정말 중요하다.

SNS도 마찬가지다. 많은 사람들이 인스타그램이나 페이스북, 네이버 블로그 등의 SNS를 사용하고 있다. SNS의 중요성을 인정하지 않으면 앞으로는 점점 더 몰락할 수밖에 없다. 이미 마트에서 장보기 대신 손가락으로 몇 번 클릭해서 쿠팡에서 물건들을 시키는 시대다. 인터넷과 SNS에서 발생하는 매출은 앞으로도 갈수록 더 높아질 것이다.

우리 한의원도 앞으로 SNS를 통한 비대면 매출을 중점적으로 보고 있다. 코로나로 인해 비대면으로 하는 모든 것들이 일상이 된 시대다. 특히 다이어트나 보약, 성장 시장 또한 급속도로 비대면 매출이 늘어나고 있다. 나는 '투 트랙' 전략을 사용한다. 정성을 들여 짓는 보약은 한의원에 내원해서 상담을 통해 처방하고, 간단히 처방할 수 있는 다이어트 환이나 성장환은 비대면으로 상담할 수 있도록 한다. 비대면은 시간과 공간의 제약을 탈피한다. 멀리 서울에서도 한약을 상담해서 처방할 수도 있고, 일본이나 미국에서 한약을 처방할 수도 있다. 예전에 나는 일본에 사시는 교포분의 한약 상담을 비대면으로 한 적이 있었다. 일본에서는 카카오톡 대신 라인이라는 앱을 많이 사용한다. 라인으로 전화를 걸어 상담하고, 혀 사진을 보며, 기본적인 혈압과 맥박 등을 체크하고, 질환에 대해 변증해서 한약을 지어 보내드렸다. 한약 매출이 일어났던것은 물론이거니와, 엔화를 벌어들였다는 희열까지도 느꼈다. 또한, 한약을 드시고 몸이 좋아졌다는 이야기를 들었을 때 그 기쁨이 2배가 되기도 했다.

성장의 경우는 아이를 키우는 3, 40대층이 주 소비층이 되어야 하고, 다이어트의 경우는 살을 빼는 데 관심이 많은 20, 30대 젊은 층들이 주 소비층이 되어야 하는데, 내가 있는 부산은 '노인과 바다'라는 별명처럼 젊은 인구가 많지 않다. 결국 서울이나 수도권에서도 매출이 발생해야 한다. 그러기 위해서는 비대면 처방이 필수다.

지금 내가 진행 중인 프로젝트 중에서 '부슬환'이 있다. 붓기와 슬림, 해독 3가지를 해결하기 위한 '붓기+슬림 환'이라는 캐치프레이즈의 다이어트 환약 처방이다. 이 부슬환을 개발하기 위해 부종과 비만 및 해독을 위한 다양한 약재의 조합을 찾았고, 원외탕전 사장님과 함께 머리를 맞대고 환제로 만드는 방법을 연구했다. 또한, 포장과 박스도 함께 몇 달을 걸쳐 준비했다. 주성분을 늙은 호박으로 하고, 포장지의 색깔을 샛노란색으로 해서, 보기만 해도 호박 컨셉이구나! 하는 느낌이 나도록 했다.

부슬환을 인스타그램에 알리기 위해, 먼저 직원들을 상대로 사진을 공모했다. 1등에게는 부슬환 1박스를 부상으로 걸었더니 정말 많은 사진이 공모전에 나왔다. 날씬한 S라인 몸매에 부슬환을 들고 있는 사진, 초록색 우거진 숲을 배경으로 하는 사진, 샐러드를 먹고, 러닝머신을 배경으로 하는 사진 등…, 보기만 해도 다이어트를 하고 싶은 사진들이었다. 이처럼 사내 공모를 적극적으로 활용하는 것도 하나의 전략이다. 직원들이 적극적으로 참여하면서 재미도 느끼고, 참여를 통해 구성원의 일원임을 느낄 수 있기 때문이다.

앞으로도 인스타그램이나 블로그를 통해 부슬환을 적극적으로 알릴 예정이다. 부슬환을 복용하고 살이 빠진 사람들은 또다시 인스타그램을 통해 날씬해진 자신의 모습을 알릴 것이다. 이것이 계속해서 반복되면 사람들에게 머스트해브(Must Have) 상품으로 자리잡게 된다. 마치 빛의 속도로 좋은 소식은 빠르게 사람들을 통해 알려지고, 재생산이 일어난다. 그것이 바로 SNS의 위력이 아닐까 싶다.

중요한 원칙은 소비자를 생산자로 만드는 것이다. 치료를 받은 사람은 소비자지만, 그 사람이 새로운 환자를 만들어내는 생산자라고도 볼 수 있다. 소비자에서만 끝나면 더 이상 확장이 일어나지 않는다. 생산자로서 역할을 할 때 비로소 확장이 일어난다. 이때 중요한 것은 그 사람이 즐겁게 생산자로서의 역할에 참여하는 것이다. 그러기 위해서는 이곳의 진료나 시설, 친절함, 효과, 느낌 등에 대해 좋은 기억을 가지고 가야 한다. 소개를 해줘야 할 '껀덕지(건더기의 방언)'가 있어야 하는 것이다. 결국은 좋은 한약, 좋은 치료, 좋은 한의원을 만드는 것이 많은 소개를 이끄는 지름길이라고 할 수 있겠다.

나는 한의원에서
인생의 모든 것을 배웠다

기회는 찾아오는 것이 아니라 만드는 것이다

'운칠기삼(運七氣三)'이라는 말이 있다. 운이 중요하고 기운은 그다음이라는 말이다. 하지만 과연 그럴까? 운도 자신이 만들어내는 것이라는 말이 있다. 준비되지 않은 사람에게는 기회가 없다. 신도 스스로 돕는 자만을 돕는다. '진인사대천명(盡人事待天命)'이라는 말도 있지 않나. 기회라는 신은 항상 준비된 자에게만 나타난다.

우리 한의원도 생각해보면 개원 이래 몇 번의 위기가 있었다. 처음 개원 후에 얼마 되지 않아 주변에 한의원이 몇 개나 더 생기기 시작했다. 우리 한의원은 10층짜리 건물에 7층에 위치한다. 그런데 주변에 생기는 한의원들은 죄다 1층짜리 한의원들이었다. 1층과 7층의 접근성을 비교하면 당연히 1층이 훨씬 더 좋다. 주변 한의원의 개원 후에 바로 환자가 빠지기 시작했다. 주변에서는 개원 선물로 카트를 돌린다고 했다. 나는 위기의식을 느꼈다. 이대로 가다가는 환자들이 모조리 떠나갈 것만 같았다.

나는 이때 위기를 정면 돌파할 결심을 했다. 만약 내가 여기서 지금의 상황에 만족한다면, 더 이상 발전은 없다고 생각했다. 오히려 '위기를 기회로 삼자'고 스스로 다짐해보았다. 한의원에서 하는 치료는 대부분 비슷해서 통증 치료, 약침, 비만, 성장, 갱년기 치료 등이 주된 치료다. 특화된 질환을 치료하는 한의원은 많지 않다. 한의원에서 입원한다는 것도 당시에는 아주 생소한 개념이었다. 하지만 나는 입원실이라는 아이템에 상당한 매력을 느꼈다. 앞서도 말했지만, 당시 부산에 있는 입원실 한의원은 나 이외에 3곳 정도밖에 없었다. 수요는 있지만 공급이 많지 않은 상황이었다. 충분한 승산이 있었다.

나는 무작정 나보다 먼저 입원실 한의원을 개원한 후배를 찾아갔다. 학교 다닐 때 아주 친하게 지내지는 않았지만 그래도 안면을 트고 지내는 후배였다. 오랜만에 연락하기가 미안했지만 그래도 용기 내어 연락했다. 다행히 그 친구는 한의원 참관을 허락했다. 당시는 입원실 한의원에 대한 정보가 거의 알려져 있지 않았을 때였다. 나는 미리 준비한 입원실 한의원에 관한 수십 장의 PPT를 그 친구 앞에서 보여주면서 내가 궁금했던 부분을 질문했다. 감사하게도 그 친구는 자신이 아는 모든 부분을 나에게 알려주었다. 그리고는 입원실에 대해서 질문한 사람들은 많았지만, 나처럼 이렇게까지 준비해서 질문한 사람은 처음이라고 말했다. 당시 나의 질문에 대한 그 친구의 답변이 이후 입원실 한의원을 준비하면서 큰 도움이 되었던 것은 물론이다. 내가 먼저 만약 용기 내어 움직이지 않았으면, 결코 나는 입원실 한의원을 준비하지 못했을 것이다.

두 번째 위기로 2018년부터 주변의 재개발로 인해 사람들이 이주하기 시작하면서 환자들이 눈에 띄게 많이 빠지기 시작했다. 처음에 오셨던 환자분들이 거의 다 바뀌고, 매일 도장을 찍어주시다시피 했던 환자분들이 멀리 이사를 가시고 얼굴을 비치지 않았다. 한의원은 고정적으로 오시는 어르신들의 수요가 없이는 유지가 힘들다. 이런 상황에서 어떻게 앞으로 한의원을 운영해야 할지 고민이 많았다. 그때 나는 우리 한의원이 동네 한의원에서 벗어나야 한다고 생각했다. 매일 출근하시는 어르신들은 한의원에는 정말 감사한 분들이지만, 이분들 없이도 한의원 운영이 가능해야 한다. 그러기 위해서는 나 스스로 철저히 브랜딩되어야 한다고 생각했다. 다른 한의원에는 없는 무언가가 있어야 했다.
나는 앞서 이야기했듯, 어릴 때 특발성 폐 질환을 앓은 적이 있다. 보통 어릴 때 심하게 병을 앓은 뒤에 혀에 그 흔적이 남는 경우가 많다. 나도 혀 가운데와 주변이 갈라져 있는 채로 20년을 살았다. 그래서 혀 질환과 혀를 관찰하는 것에 관심이 많았다. 혀에 대해 제대로 연구해보기로 결심하고 설진(舌診)과 관련된 강의를 모조리 다 듣고, 혀 사진을 찍는 기계인 설진기를 도입했다. 한의원에 오는 모든 초진 환자의 혀 사진을 찍었다. 그리고 설진기로 많은 환자의 혀 사진을 찍어보면서 내가 공부하고 배웠던 것과 일치하는지 확인했다. 혀 사진을 통해 한약을 처방하는 데도 참고했다. 이렇게 설진을 브랜딩하고 알렸다. 설진이라는 분야는 일반적인 한의원에서 보는 분야가 아니기 때문에 확실히 효과가 있었다. 혀에 대해서 궁금해하는 환자분들이 많이 찾아온 것이다.

'린 스타트업(Lean Startup)'이라는 말이 있다. 적게 시작해서 보완하며 계속해서 더 완성해나간다는 뜻이다. 나 또한 완벽한 상태에서 설진을 시작한 것은 아니었다. 다만 다른 사람보다 좀 더 관심이 많은 상태에서 시작했다. 그러면서 나 또한 배우고 보완해나갔다. 그것이 쌓이고 쌓여서 내공이 다져졌다. 재미있게도 설진을 브랜딩하다 보니 '혀가 아픈 환자들'도 많이 찾아오게 되었다. 설진은 몸의 상태를 혀를 통해서 진단하는 것인데, 혀 자체가 아프거나 따갑거나 욱신한 환자들도 블로그 포스팅 등을 보고 찾아온 것이다. 그만큼 기존 병원에서 혀에 대한 특별한 치료가 많지 않았다고 볼 수 있겠다. 혀가 아픈 환자들이 왔을 때, 그렇다고 "나는 잘 모르겠다"라고 이야기할 수도 없었다. 한의학에서 혀는 심장에 해당한다. 심장에 열이 많거나 몸의 진액이 부족한 음허(陰虛) 상태에서 혀가 따갑고 아픈 증상이 많았다. 원인을 찾아 한약을 쓰고 치료하다 보니 증상이 좋아졌다. 이를 통해 혀 질환 자체에 대한 치료 경험도 쌓는 계기가 되었다.

설진 외에도 도침(刀針)에 대해서도 브랜딩해나갔다. 도침요법 또한 서울이나 수도권 지역에서는 많이 알려진 치료지만, 부산에서는 하는 곳이 많지 않았다. 나는 도침을 제대로 배우기로 결심하고 2019년 한 해 동안 도침을 공부하는 데 온 에너지를 쏟아부었다. 강의를 듣기 위해 일요일을 반납하고 서울에 올라갔다. 그렇게 1년 동안 공부한 결과 대한연부조직학회(현재 대한침도학회)의 정회원 자격증을 취득했다. 지금도 나는 도침을 치료에 적극적으로 활용하고 있다. 만성적인 질환의 경우 일반 침이나 약침만으로는 한계가 있는 경우가 많다. 이럴 때 통증 치료에 도침을 적극적으로 사용하면 거짓말처럼 빨리 좋아지는 경우가 많다. 만약 내가 도침이 위험하니 해 볼 생각조차 안 해봤다면, 그리고 서울에 올라가는 것이 귀찮아서 강의를 듣지 않았다면 나는 아예 새로운 분야를 브랜딩할 기회를 놓쳤을 것이다. 허준과 이제마도 처음부터 모든 환자를 잘 보았던 것은 아니다. 오랜 시간 많은 환자를 본 경험과 경륜이 명의(名醫)를 만든다. 배움을 시작할 때는 모든 지식을 총동원해서 올인해야 한다. 그 몰입의 과정이 결과를 만들어내는 것이다.

개원 후 생각보다 환자가 늘지 않아서 고민할 때도 많았다. 오지 않는 환자를 기다리며 '왜 환자가 안 오지?' 하고 생각하면 자책하는 마음만 들게 된다. 일희일비가 모든 자영업자의 숙명이라고 하지만, 이런 부정적인 생각은 스스로 더욱 비참하게 만든다. 이때는 '왜 안 오지?'가 아니라 '어떻게 하면 오게 하지?'라고 생각해야 한다.

나는 개원 초반에 환자가 빠지기 시작할 때 주변의 노인복지관을 무작정 찾아갔다. 그때 복지관의 관장님은 "한의원 원장님이 이렇게 시간을 내서 오시기 쉽지 않은데 찾아와줘서 고맙습니다"라고 말씀하시며 반갑게 맞이해주셨다. 나는 복지관 어르신들이 한의원을 찾아오셨을 때 한약이나 공진단 등의 비급여 항목을 할인해드리기로 하는 MOU 협약을 맺었다. 그렇게 시작한 복지관과의 인연은 계속되어 매달 한약 기부도 꾸준히 하고 있다. 복지관에서 알게 된 어르신 한 분은 정말 많은 분을 소개해주시기도 하셨고, 항상 우리 한의원 칭찬을 많이 하신다. 복지관에 기부하는 한약은 또한 비용처리가 되어 세무상으로도 유리하다. 지역사회에 기부도 하면서 좋은 일도 하고, 또한 환자 유치에도 도움이 된다.

항상 기회는 찾아오는 것이 아니라 만드는 것이다. 아무리 큰 위기라도 돌파할 방법이 꼭 있었으며, 뒤돌아보면 그리 큰 위기가 아닌데 혼자서 위기라고 생각했던 경우도 많았다. 오히려 위기는 나중에 생각해보면 더 큰 기회가 되었던 경우도 많았다. 항상 내가 찾아가지 않는 한 기회는 결코 먼저 찾아오지 않았다. 서울로 가기 위해서는 역에 가서 기차표를 끊어야 한다. 가만 있어서는 결코 서울에 갈 수 없다. 이렇게 기회를 만들어나가면 그것은 다시 큰 성공으로 돌아온다는 사실을 나는 깨우치게 되었다.

나는 한의원에서
인생의 모든 것을
배웠다

5장

한의사가 한의원에만
있으라는 법이 있나?

"젊은 나이에 큰 한의원을 운영하셔서 참 좋으시겠습니다."

평소 나는 이런 이야기를 종종 듣는다. 전문직에 번듯한 한의원을 갖추고 있고, 아이들도 셋이나 있으니 남부러울 것이 없을 것 같다고 다들 이야기한다. 나도 운이 좋았다고 생각한다. 한의사로서의 지금 나의 삶에 만족한다. 남들을 치료해주면서 돈도 벌고, 사람들에게 원장님, 선생님 이야기를 들으면서 존경을 받는다는 것은 의사 일 말고는 쉽지 않을 것이다.

그런데 한의사의 일생을 지켜보면 조금 안타까운 마음이 들 때도 있다. 한의사는 죽을 때까지 평생 한의원에서 쉬지 않고 일한다. 정말 운이 좋으면 평생 번 돈으로 노후에 작은 건물 하나를 사서 월세를 받으면서 여생을 보낸다. 운이 좋지 않으면 사기를 당하거나 사업을 하다가

나는 한의원에서
인생의 모든 것을 배웠다

실패를 겪어서 신용불량자가 되기도 한다.

내가 아는 한 원로 원장님도 이번에 은퇴하셨다. 평생 30년 이상 진료했던 자리에서 자신의 작은 건물을 지어서 임대를 내셨다는 이야기를 들었다. 자신이 진료하던 자리에 건물을 지으셨지만, 결코 상권이 좋거나 월세가 많이 나오는 자리는 아니었다. 열심히 일하면 작은 건물 하나를 지을 수 있는 돈을 번다는 점에서 한의사라는 직업이 다른 직업들에 비해 좋은 직업이라고 생각한다. 하지만 내 평생을 바쳐서 일하는 결과가 단지 그것뿐이라면 인생이 너무 단조롭다는 생각이 들었다.

내가 대학에 입학하던 때는 IMF 사태가 터진 후 얼마 되지 않았을 때다. 그전에는 대기업에 취직하면 정년이 보장되어 있었다. 생각해보면 그때부터 의대와 한의대에 대한 열풍이 불었던 것 같다. 먹고사는 문제가 터지면서 의사나 교사 등 어느 정도의 수입과 정년이 보장된 직업들의 인기가 올라가기 시작했던 것 같다. 매년 수능을 치면 1등이 서울대 건축학과였는데 어느 순간 갑자기 1등이 서울대 의예과나 경희대 한의대로 바뀌었다.

최근에는 또다시 추세가 달라지고 있다. 얼마 전 뉴스에도 나왔지만, 비대면 시대가 되면서 앱 개발과 프로그램 개발 등이 대박 났다. IT개발업계에서 인재가 없어서 난리라고 한다. 제대로 된 앱 하나만 만들면 성공은 일도 아니다. 그래서 우수한 인재들을 모셔가려고 경쟁에 혈안이 되어 있다. 성공한 IT개발자의 경우는 연봉을 2억 원도 넘게 받는다고 들었다.

얼마 전 넷플릭스를 통해 드라마 〈오징어 게임〉이 전 세계적으로 히트한 적이 있다. 그렇게 흥행할 수 있었던 원인은 현재의 물질 선호주의를 다룬 흥미로운 스토리, 배우들의 탄탄한 연기력도 있겠지만, 특이하고 시선을 사로잡는 그래픽 영상과 CG도 한몫했다.

이 오징어 게임의 CG를 담당한 기업이 '오퍼 디지털'이라는 기업이다. 오퍼 디지털의 윤성민 대표는 어릴 때부터 영화를 사랑하는 소년이었다. 그는 영화와 영상을 너무 좋아한 나머지, 변변한 학력도 없이 대학도 중퇴하고 영화에만 미쳐 있었다. 그는 앞으로 CG 시장과 컨텐츠 시장이 계속해서 성장하리라고 확신했다. 당시 CG는 비싼 인건비를 주고 업체에서 처리하는 방식이었는데, 그는 어려운 CG는 전문가들이 담당하고, 간단한 CG는 조금만 업무를 배우면 처리가 가능하다는 점에 주목했다. 그는 2015년에 혈혈단신 베트남으로 건너가서 그곳에서 회사를 세웠다. 처음 3명으로 시작한 직원은 지금 70명까지 늘어났다. 작년 한 해만 해도 150편의 작업에 참여했으며, 〈한산: 용의 출현〉, 〈이상한 변호사 우영우〉 등 여러 편의 영화와 드라마의 CG 작업을 맡았다. 초반에 5억 원에서 시작한 매출은 지금까지 매년 성장해서 작년에는 50억 원을 넘겼다. 올해 여러 컨텐츠가 히트하면서 앞으로는 얼마나 더 많은 수주가 들어올지 모른다. 회사를 키우기까지는 직원 월급을 주기도 빠듯할 정도로 힘든 시기를 겪었지만, 지금 그는 누구보다 바쁜 일상을 보내고 있으며, 성공한 삶을 살고 있다. 이제 그는 어렸을 때부

나는 한의원에서
인생의 모든 것을 배웠다

터의 꿈이었던 영화감독에 도전하고 있다. 앞으로 그가 만들어 낼 CG를 활용한 SF영화가 벌써 기대된다.

예전에는 "공부 잘해야 성공한다"는 이야기를 귀가 따갑게 들었지만, 이제는 자기 한 분야에서 최고라면 어떤 일을 해도 성공할 수 있다. 이제는 전 세계가 스마트폰으로 연결되고, 모든 사람이 아웃풋(Output)을 낼 수 있는 시대가 되었다. 성공이란 단어를 '경제적으로 풍요롭고 행복하며 자신이 원하는 주도적인 삶을 사는 것'이라 정의한다면 예전처럼 공부를 잘한다고 무조건 성공하는 시대는 이제 완전히 지나갔다. 어떤 일이든 자신의 분야에서 즐겁게 할 수 있고, 각 분야에서 최고가 된다면 누구나 성공할 수 있는 것이다.

나도 한의사라고 꼭 한의사의 정체성에만 머무를 필요가 없다고 생각한다. 한의사라고 꼭 한의원에만 있으라는 법도 없다. 한의사이면서도 IT개발에 뛰어든 사람이 있는가 하면, 부동산 투자자로 이름을 날리는 사람도 있다. 한의원 일을 하면서도 내가 좋아하는 일들에 대해 노력한다면 훨씬 더 성공할 수 있다고 생각한다.

부동산과 경매, 그리고 사업으로 큰 부를 이룬 송 사무장도 그의 저서 《EXIT》에서 이야기한다. 큰 부자가 되려면 기술자가 되지 말고 기획자가 되어야 한다고 말이다. 한 분야의 전문가는 많지만, 2~3분야에서 전문가인 사람은 많지 않다. 그렇기에 2~3분야에서 100%가 아니라 각각 70% 정도의 전문성만 가지고 있어도 독보적인 차별성을 가질 수 있다고 한다. 한의사면서도 부동산 지식을 가지고 있는 사람, 한의사면서도 경영적 지식을 가지고 있는 사람은 많은 편이 아니다. 내가 아는 분야를 늘리고, 기획자로서 그 장점을 살릴 수 있다면 훨씬 더 성공할 확률이 높아진다.

내가 좋아하는 일은 무엇일까? 생각해보면 나는 어릴 적 가족여행을 할라치면 항상 지도를 펴 놓고 여기가 어디고, 어디로 가야 하는지 내비게이션 역할을 했다. 빈 A4용지에 마음 가는 대로 지도를 그리고 가상의 나라 도시와 수도 이름을 쓰는 것이 나의 일상 놀이였다. 학교 다닐 때도 항상 지리에 관심이 많았다. 늘 시험을 쳐도 지리와 세계지리 과목은 만점을 받곤 했다. 어릴 때부터 지구본을 보고 대항해시대 게임을 하면서 지도를 보는 것이 나의 낙이었다. 컴퓨터로 베트남전쟁 땅따먹기 게임을 만들어서 친구들에게 자랑하기도 했다.

그런 나의 관심은 땅을 보는 부동산과도 이어졌다. 사실 내가 본격적으로 부동산에 관심을 가지게 된 데는 2가지 계기가 있었다. 첫 번째로, 우리 한의원 근처의 재개발 상황을 지켜보면서부터다. 한의원 뒤쪽의 다 쓰러져가던 1억 원도 안 되던 오래된 집들이 재개발 계획이 발표되면서 입주권으로 신분 상승하면서 몇억 원이 뛰어버렸다. 그 과정을 지켜보면서 상승장에서 재개발, 재건축이 얼마나 큰 자산가치의 상승으로 이어지는지 알게 되었다. 두 번째로, 집을 팔자마자 집값이 뛰는 일을 겪은 후부터다. 우리는 일시적 2주택 비과세 혜택 때문에 8년

나는 한의원에서
인생의 모든 것을 배웠다

동안 살던 집을 매도했는데, 불과 1년 만에 집값이 무섭게 뛰었다. 그동안 부동산에는 문외한이었지만 몇 년 전 그 일 이후로 부동산에 눈을 뜨게 되었다. 역시 자기 주머니에서 큰돈이 나가봐야 정신을 차린다. 그 후로 나는 와신상담하는 마음으로 독서와 강의를 통해 부동산을 공부하고 있다.

부동산을 공부하면 할수록 나랑 잘 맞다는 걸 느낀다. 새로운 도시로 임장을 다니고, 건물의 월세와 가치를 알아보며, 주변의 인구와 상권을 분석하는 것이 취미이자 즐거움이 되었다. 언젠가는 개발되는 신도시 토지 중 상업용지를 저렴한 가격에 불하받아 그곳에 한방병원을 신축하는 것이 나의 꿈이다. 개발 예정 토지를 저렴하게 매입하고, 건물을 세우면 더불어 토지의 가치는 상승하게 된다. 또한, 병원을 운영하면서 상권을 활성화하고, 사람들이 모이게 하면, 건물의 가치 또한 상승하게 된다. 몸을 움직이면서 얻는 노동 수익에는 한계가 있다. 사업소득과 부동산 가치의 상승이 동시에 일어나야 폭발적인 자본 가치 상승 또한 일어나게 된다. 이처럼 부동산 개발자로서 한방병원 건물주가 되고, 그 건물에서 진료하는 병원장이 되는 것이 내 꿈이다.

크게 성공하기 위해서는 무엇보다도 근로소득을 자본소득으로 바꾸는 연습을 해야 한다. 인플레이션이라는 괴물이 자산을 하루하루 갉아먹고 있다. 이런 인플레이션을 이겨내기 위해서는 더 이상 늘어날 수 없는 자산에 투자해야 한다. 지금 내가 건물주에게 내는 임대료가 매월

700만 원이 넘는다. 좋은 자리에서 영업할 수 있게 해준 건물주에게는 감사하지만, 한편으로는 매월 내는 임대료를 합치면 1년에 1억 가까이 되는 거금인 만큼 아깝기도 하다. 만약 내 건물에서 진료한다면 환자가 발생하는 트래픽까지도 건물의 가치에 흡수시켜 부동산 가치의 상승을 이뤄낼 수 있을 것이다.

맛집들은 대부분 자기 건물에 점포를 갖고 있다는 공통점이 있다고 한다. 내가 지출하는 임대료만큼 그 비용을 아낀다면 더 좋은 서비스와 가격으로 환자들을 진료해줄 수 있으리라고 생각한다. 또한, '곳간에서 인심 난다'라는 속담처럼, 내가 여유가 있어야만 다른 사람에게도 아쉬운 소리 하지 않고, 평생을 베풀며 살 수 있으리라고 생각한다.

켈리 최 저자는《웰씽킹》에서 30대 때는 직업의 멘토에게 배워서 업계의 최고가 되고, 40대에는 최선을 다해 노력해서 평생 먹고살 돈을 벌어야 한다고 말한다. 또한 50대 이후부터는 봉사하는 기간으로 내가 얻은 노하우를 세상에 다시 돌려줘야 한다고 한다. 한의사의 근로소득은 한계가 있다. 이를 자본소득으로 바꾸는 과정을 앞으로 나는 지속해 나갈 것이다. 성공한 한의사로서 많은 사람에게 도움을 주는 삶을 살아가고 싶다.

나는 한의원에서
인생의 모든 것을 배웠다

나의 역사는
목요일에 이루어진다

"원장님은 어디 가셨어요?"

내가 휴진하는 목요일에 한의원을 찾아오는 환자들이 하는 말이다. 내가 부원장에게 한의원을 맡기고 목요일에 휴진하기 시작한 지 어언 2년이 지났다. 처음에는 이런 조치에 환자들이 적응하지 못했다. 매주 목요일마다 원장님이 계시지 않는 이유를 이해할 수 없었기 때문이다. 직원들은 진땀을 흘리며 환자들에게 나의 부재를 알려야 했다. 하지만 이제는 환자들이 알아서 목요일을 피해 예약을 잡기도 한다.

내가 목요일에 쉰 지는 생각보다 오래되었다. 이전의 한의원을 할 때도 서울에 강의를 들으러 가는 목요일에는 단축 진료를 했다. 양정으로 이전한 후에도 마찬가지였다. 강의를 들으러 가는 목요일에는 아예 오후 5시까지 진료한다고 환자들에게 못을 박아뒀었다. 그러다가 한의원이 어느 정도 자리 잡힌 2년 전부터는 아예 목요일에 쉬게 되었다.

목요일이면 나는 도대체 어디에 가는 것일까? 남들은 휴진 날이니 쉬어서 좋겠다고 이야기하지만, 나는 오히려 다른 평일보다 목요일에 가장 바쁘다. 나는 목요일을 오로지 나를 위해 쓰는 시간으로 정했다. 한의원을 운영하는 원장은 늘 시간에 쫓기며 산다. 주 6일 이상 쉬지 않고 근무한다. 늘 여기저기 아픈 환자들을 돌보면서. 그렇게 매일 추나 치료나 침을 놓다가 보면 하루가 순식간에 지나간다. 환자를 많이 본 날은 정말 하얗게 불태웠다고 해도 과언이 아닐 정도로 온몸이 녹초가 된다. 또한, 퇴근해서는 어떤가? 바쁜 하루를 보내고 아이들과 놀아주다 보면 피곤함이 몰려온다. 그러다 보면 어느새 잠잘 시간이 된다. 틈새 시간을 이용해서라도 책을 읽으려는 것은 사치에 가깝다. 오롯이 나를 위한 시간이라고는 전혀 없다.

양정으로 이전한 후에 1년 동안 정말 눈코 뜰 새 없이 살아왔다. 그러다가 갑자기 '누구를 위해서 내가 이렇게 사는 걸까?' 하는 생각이 들었다. 이것은 나를 위한 길도 아니며, 환자를 위한 길도 아니란 생각이 들었다. 내가 좋은 컨디션을 유지해야 치료도 더 잘할 수 있기 때문이다. 나는 어떻게 하면 더 즐겁게 진료하고, 후회 없이 살 수 있을까 고민했다. 나는 내 시간을 '사기'로 결정하고, 나를 대신해줄 부원장을 구했다. 원장 3인 체제가 본격적으로 돌아가기 시작한 2년 전부터 나는 아예 매주 목요일에 쉬었다.

그렇게 나의 역사는 매주 목요일에 이루어진다고 해도 과언이 아니다. 나는 월요일부터 토요일까지는 한의원 원장으로서, 목요일에는 오로지 '나'라는 사람으로서 살아간다. 나는 목요일이 항상 기다려진다. 내가 좋아하는 일이나 즐거운 일을 하는 데 온전히 하루를 쓸 수 있기 때문이다. 한의원 안에만 갇혀 있으면 생각이 굳어진다. 나가서 사람들을 만나면서 인생을 배운다. 다양한 분야의 공부를 통해 생각이 더욱 깊어진다. 내가 깨어 있으면 수많은 사람의 이야기를 흡수할 수 있다. 좋아하는 공부를 하면서 더 깊은 지식을 얻을 수 있다.

운영이 잘되는 다른 한의원들을 찾아가 배우기 시작한 것도, 목요일에 쉬면서 비롯된 일이다. 입원실 한의원을 준비하면서도 다른 한의원을 찾아가서 배웠다. 쉬는 날 찾아가면 항상 하나라도 더 배워서 돌아오곤 했다. 하루는 어린이날을 반납하고 천안의 동기 형이 운영하는 한방병원을 찾아가기도 했다. 당시는 한방병원을 거의 찾아보기 힘들 때였다. 형은 2년 이상의 준비 기간을 거쳐 신도시의 좋은 위치에 한방병원을 차리고 성공적으로 운영하고 있었다. 초반에는 자리 잡는 것이 힘들었다고 했다. 그래도 한의원을 할 때보다는 훨씬 더 좋다며, 나에게도 한방병원이나 입원실 한의원을 하라고 권했다. 당시 입원실 한의원을 준비하던 나에게 형의 여러 가지 실무적인 조언이 큰 힘이 되었음은 물론이다.

그런가 하면 내가 좋아하는 공부를 하기 위해 나는 도서관에도 자주 간다. 나는 도서관에서 책을 읽을 때 큰 행복을 느낀다. 책을 읽는다는 것은, 저자를 만나는 것이며, 가장 빠르게 저자의 노하우를 흡수하는 방법이다. 예전에는 역사에 관심이 많아서 역사 쪽의 책들을 열심히 읽었다. 경영과 마케팅에 꽂힐 때는 그쪽 분야에 관한 책만 읽기도 했다. 최근에는 부동산에 관심이 많아서 부산 전역의 도서관을 메뚜기처럼 돌아다니며 부동산 관련 책을 찾아보기도 했다. 여러 권의 책을 읽다 보면 저자들이 이야기하는 공통의 내용을 파악하게 된다. 반복된 이야기는 장기 기억에 저장되며, 지식으로 변환된다.

강의도 수요일 저녁이나 목요일에 주로 들었다. 온라인 강의와 더불어 오프라인에서 하는 강의에도 참여했다. 특히 내가 좋아하는 분야인 부동산 강의도 많이 들었다. 그곳에서 만난 사람들과 커뮤니티 활동을 통해 본격적인 공부를 하기도 했다. 다양한 분야의 사람들을 만나다 보면 나의 생각도 넓어지는 느낌이었다. 사람들의 직업은 다양했다. 방송국 작가로 일하는 사람이 있는가 하면, 공인중개사, 전업 투자자, 토목 설계사 직원, 일반 직장인 등 여러 분야에 종사하고 있었다. 어떨 때는 내가 직접 그들을 상대로 강의를 진행하기도 했다. 나라고 뛰어난 지식이 있는 건 아니다. 하지만 초보가 초보를 가르친다고, 나의 지식을 공유함으로써 다 같이 공부하거나 나 스스로 복습하는 효과를 얻을 수 있었다. 온라인으로도 경매 강의부터 시작해 토지 투자, 법인 투자 등 다양한 강의를 들었다. 그러면서 '아, 이런 세계도 있구나!' 하는 생각이 들었다. 병원 안에만 갇혀 일희일비하면서는 결코 알 수 없는 세계다.

부자들이 항상 더 큰 부자가 되는 이유가 있다. 부자들은 자기 계발에는 결코 투자를 아끼지 않는다. 물고기를 잡아주기보다 물고기를 잡는 법을 알려주라고 했다. 어떤 공부든 완전히 자신의 것으로 체화하기 위해서는 그만큼 투자해야 한다. 최근 몇 년 사이의 부동산 사이클을 타고 큰 부자들이 많이 배출되었다. 나는 뒤늦게 뛰어들기는 했지만, 만약 한의원 안에만 있었으면 평생 모를 지식을 배운 좋은 기회가 되었다고 생각한다.

어떨 때는 경매 입찰장에 가서 직접 입찰해보기도 했다. 물론 패찰(敗札)한 때도 많았지만, 신탁 공매로 2개의 오피스텔을 낙찰받기도 했다. 직접 신탁사를 찾아가 매매 계약을 하고, 세입자에게 명도 협상을 하며, 임대를 놓는 과정을 통해 경매의 절차를 익혔다. 토지를 계약하고 신축하는 과정을 직접 겪어보기도 했다. 예전에는 경매하는 사람을 망한 사람을 쫓아내는 나쁜 사람이라고만 생각했다. 하지만 경매라는 제도가 은행에 빚을 돌려받을 수 있게 해주고, 경제를 자연스럽게 돌아가도록 해주는 원동력이라는 사실을 뒤늦게 알게 되었다.

그런가 하면 친구와 함께 임장을 다녀보기도 했다. 멀리는 구미까지, 가깝게는 김해와 거제 등, 전국을 쏘다녔다. 그리고 내가 책으로 배운 지식이 실제로 맞는지 검토해보곤 했다. 예전에는 막연하게 이 땅이 얼마인지? 그리고 이 건물의 가격이 얼마인지? 짐작만 했다면 지금은 월세가 얼마인지 알면 대략적인 건물의 시세 파악을 할 수 있게 되었다. 또한, 길을 가다가 멋진 건물이 눈에 띄면, 이 건물이 깔고 있는 토지 가격과 공사비용, 예상 월세까지도 계산해보는 습관이 생겼다.

책 쓰기도 내가 예전부터 꿈꿔 왔던 버킷리스트 중의 하나다. 하지만 나는 책 쓰기는 성공한 사람만이 할 수 있는 일이라고 생각했다. 그래서 언젠가 나이가 들어 성공했을 때, 자서전처럼 나의 책을 써야겠다고 막연히 생각했다. 그러던 중 앞서 잠깐 소개했던 '한책협'을 알게 되었고, 내 생일인 목요일에 열 일 제쳐두고 동탄의 '한책협' 사무실을 방문했다. 비바람이 불던 날, 나는 김태광 대표를 만났다. 그를 만나고 나서 나도 비로소 내 이야기를 책으로 써보리라고 결심하게 되었다. 작은 내 이야기가 누군가에게는 꿈과 희망이 될 수 있으리라고 생각했기 때문이다.

불과 2년이라는 시간이지만, 나는 한의원을 벗어나는 목요일을 이용해 내가 꿈꿔 온 많은 것을 이루었다. 성공자들은 늘 돈보다 중요한 것이 시간이라고 말한다. 바쁜 일상에 쫓기며 무엇을 위해 사는지도 모르게 우리는 하루하루를 보내고 있다. 여기서 잠깐 멈춰 뒤돌아보자. 나는 무엇을 위해, 어떻게 시간을 보내고 있는가? 일주일 동안 열심히 살았다면 하루쯤은 나에게 선물로 줘보자. 그 시간은 나에게 더 큰 힘이 되고, 기회가 될 것이다. 그리고 하루 동안 정말 내가 원하는 일들을 해보자. 그러면 매일 설레는 마음으로 그날을 기다리며 일주일을 보낼 수 있을 것이다. 나는 목요일을 그렇게 매주 꿈꾸는 마음으로 기다린다.

나는 3평 원장실에서
경영의 모든 것을 배웠다

내가 처음 개원했던 동래의 한의원은 40평 정도였지만 나에게는 너무나도 넓었다. 반면, 지금 내가 개원해 있는 한의원은 한 층이 50평 정도지만 늘 좁다는 생각이 든다. 왜 그럴까? 원장실이 한 개에서 3개로 늘어났으며, 직원들도 훨씬 많이 늘었기 때문일 것이다. 그중에서도 내가 대부분의 하루를 보내는 원장실은 참 좁다. 내가 앉는 책상과 환자가 앉는 스툴, 그리고 추나 베드가 전부다. 불과 3평 남짓이다.

환자와 의사가 처음 만나는 곳이 원장실이다. 환자의 의사에 대한 첫인상이 결정되는 곳이 바로 이 원장실이다. 그래서 환자와의 첫 대화에 신경을 쓸 수밖에 없다. 이 사람이 의사에게는 오늘 진료하는 환자 중의 한 명이지만, 이 환자에게 있어서 나는 희망을 걸고 만나는 의사일 것이다. 첫 상담이 정말 중요하다.

나는 원래 조용하고 내성적인 성격이다. 학교 다닐 때 반장과 부반장을 맡긴 했지만, 목소리가 크지 않고, 대화도 서툴렀고, 연애에도 서툴렀다. 이런 성격의 나였기에 처음에 환자와의 상담은 너무 힘들었다. 상담할 때 어떤 식으로 어떻게 대화해야 할지 고민했다. 대화의 스킬도 부족했다. 상담할 때 이야기가 뚝뚝 끊어지기도 했다. 처음에 한약에 관심을 가졌다가도 이야기를 계속하다 보면 환자는 팔짱을 끼고 "다음에 생각해볼게요" 하고 마음의 문을 닫곤 했다. 이렇게 대화에 서툴렀던 나도 한의원을 10년 동안 하다 보니 '짬밥'이 쌓였다.

말콤 글래드웰(Malcolm Gladwell)은 《아웃라이어》라는 책에서 1만 시간의 법칙에 관해 설명한 적이 있다. 신경과학자인 다니엘 레비틴(Daniel Levitin)은 어느 분야에서든 세계 수준의 전문가, 마스터가 되려면 1만 시간의 연습이 필요하다는 연구 결과를 내놓았다. 1만 시간은 대략 하루 세 시간, 일주일에 스무 시간씩 10년간 연습한 것과 같다. 1만 시간의 법칙은 누구든 계속해서 반복하면 전문가가 될 수 있다는 것이 핵심이다. 나 또한 처음에는 환자의 얼굴만 보아도 가슴이 두근거렸지만, 이제는 어떤 환자가 오더라도 어떤 식으로 상담해야 할지 대응할 수 있는 자신감이 생겼다.

지금 우리 한의원의 차트 번호가 1만 번 가까이 된다. 부산 인구가 350만이니, 0.3% 정도는 우리 한의원에 들른 적이 있다는 말이다. 한의원을 하면서 느끼는 건, 정말 사람이라는 존재가 각양각색(各樣各色)이라는 점이다. 어떤 사람은 오늘 당장 약을 가져가기를 바라며 빨리 달여달라고 재촉하는가 하면, 어떤 사람은 약이 하루 만에 너무 빨리 나왔다고 의심부터 하기도 한다. 약을 지을 때 서비스를 안 준다고 불만을 가지는 사람도 있다. 각양각색의 사람들에 맞춘 응대가 중요했다.

어떤 책에서 '장사와 사업의 차이'에 대해 쓴 글을 본 적이 있는데, 장사는 내가 없이는 돌아가지 않는 일이지만, 사업은 내가 없어도 유지가 되는 것이라고 한다. 즉, 시스템을 만들고 돌리는 것이다. 한의원을 하기 위해서는 사업자등록증을 내야 한다. 한의원도 엄연한 사업이다. 그런데 한의원을 장사처럼 하는 사람이 있다. 이들은 원장이 하루라도 없으면 한의원이 망할 거라고 생각한다. 무서워서 한의원을 떠나지 못한다. 진정한 성공자라면 내가 없어도 돌아가는 사업을 만들어야 한다.

얼마 전, 밀키트 열풍이 분 적이 있다. 주변에도 보면 무인 가게들이 우후죽순 생겼다. 이런 무인 사업들이 각광을 받는 이유는 인건비가 들지 않기 때문이다. 스마트스토어는 어떤가? 온라인에서 클릭 몇 번에 매출이 발생하고 있다. 요즘에 갈수록 키오스크가 많아지는 이유도 사업에서 인건비가 차지하는 비중이 나날이 커지고 있기 때문이다.

그에 비하면 한의원은 몸을 맡기고 치료받는 공간이다. 인력이 없이는 운영하기가 힘든 노동집약적 사업이다. 이런 한의원에서는 사람 냄새가 나야 한다. 아픈 몸도 치료받아야 하지만, 힘든 마음도 위로받을 수 있어야 한다. 그러면서도 시스템으로 운영될 수 있는 한의원을 만들어야 한다. 의사의 개인 역량에만 의존하는 한의원이 되어서는 안 된다.

한때 나는 의사는 치료만 잘해야 하고, 돈 욕심은 없어야 한다는 고리타분한 생각을 가졌을 때도 있었다. 지금은 그렇지 않다. 성공자가 되기 위해서는 나를 잘 알려야 한다. 유튜브를 하는 의사들도 계속해서 늘어나고 있다. 책을 쓰고, 유튜브를 하면서 나를 알리고 나의 몸값을 높여야 한다.

1인 한의원에서 4인 의료진까지 확장해보면서 얻을 수 있었던 가장 큰 성과는, 확장해보지 않았다면 결코 알 수 없는 '경험'이다. 경험은 돈을 주고도 살 수 없다. 예전에 정주영 회장이 했던 유명한 말이 있다.

"이봐, 해봤어?"

해보지도 않고 왈가왈부하는 것은 의미가 없다. 대부분의 사람들은 무서워서 엘리베이터를 타지도 않는다. 언제까지 무서워하며 땀 흘리며 걸어서 계단으로 100층까지 올라가야 할까?

"엘리베이터를 타고, 100층을 누르고, 문이 열리면 내려야 합니다."

이렇게 이야기해주는 사람은 경험해본 사람이다. 경험해본 사람을 믿고 따라가는 것이 가장 빠르게 성공하는 법이다. 답은 단순하고, 진리는 명쾌하다. 정보, 지식이 넘치는 시기에는 취사선택만 잘하면 된다. 그 구체적인 방법을 모를 뿐이라면 방법을 아는 멘토에게 물어보면 된다. 입원실 한의원을 하기로 결정했다면, 입원실을 운영 중인 친구나 선배를 찾아가서 배우면 된다. 유튜브를 하고 싶다면 10만 유튜버를 찾아가 배우면 된다.

《럭키》의 저자이자 '김 작가 TV'의 운영자인 김도윤 씨도 10년 동안 성공한 인물 1,000명과 인터뷰를 해오면서 그만의 성공의 비결을 찾았다. 그는 운을 만드는 일곱 가지 열쇠는 '사람, 관찰, 속도, 루틴, 복기, 긍정, 시도'라고 이야기한다. 이 일곱 가지 열쇠가 인생에서 만나는 수많은 난관의 문을 활짝 열어줄 수 있다고 그는 이야기한다.

한의원을 하면서 수많은 사람을 만나고, 환자의 유형에 대해 생각하게 되고, 이 환자에게 필요한 것은 무엇인지 생각하면서, 가장 필요하고 가장 이 사람의 마음을 움직일 수 있는 게 무엇인지 연구하게 되었다. 그것이 결국 그 사람이 결정할 수 있도록 도와주고, 지속할 수 있게 했다. 내가 원하는 것이 아니라 환자가 원하는 것이 무엇인지를 먼저 생각하게 되었다.

한의원을 운영하면서 시스템과 매뉴얼이 무엇보다도 중요하다고 느낀다. 스타플레이어의 비극은 항상 자신에게서 시작된다. 나 또한 내이름을 걸고 하는 한의원이다 보니 환자 대부분이 대표 원장인 나에게 치료받으려고 한다. 모든 원장에게 모든 환자가 고루 치료받도록 하려면 시스템과 매뉴얼이 필요하다.

아슬아슬하게 자전거를 타고 있는데 내가 페달을 뗀다면 그 순간 자전거는 넘어진다. 하지만 내가 아닌 시스템이 한의원을 운영하고 있다면 그렇지 않다. 그러기 위해서는 직원이 주도적으로, 능동적으로, 그리고 창의적으로 일할 수 있도록 도와줘야 한다. 나는 성공자는 훌륭한 동기 부여자라고 생각한다. 직원들에게 의존성을 심어주는 리더는 좋은 리더가 아니다. 부딪혀보고 깨져보고 미숙하더라도 직원들을 통해 한 단계 더 성장하는 한의원이 되어야 한다.

서두르는 마음에 쫓겨서 개원했고, 아무 준비되지 않은 채로 진료를 시작했다. 온실 속의 화초였던 나는 비바람을 맞아보면서 비로소 세상이 녹록지 않음을 경험했다. 왜 다들 개원이라는 게 힘들다고 하는지 절실히 느꼈다. 하지만 지금 한의원을 확장해나가면서 모든 성공의 뒷받침은 시스템의 힘이라는 걸 느낀다. 단지 진료하는 기술자에 머무르지 않고, 시스템을 만들어나가는 경영자가 되고 싶다.

성공하면 꼭 하고 싶은
버킷리스트

어느 날 갑자기 '버킷리스트'란 말이 유행처럼 번졌던 적이 있다. '버킷리스트'란 죽기 전에 꼭 한 번쯤은 해보고 싶은 것들을 정리한 목록을 의미한다. 2007년 잭 니콜슨과 모건 프리먼 주연의 동명의 영화 〈버킷리스트〉를 통해 이 말은 전 세계적으로 알려졌다. 그 영화는 암에 걸린 두 주인공이 병실에서 만나 죽기 전에 하고 싶은 일을 실행한다는 내용이다. 당시만 해도 생소했던 단어라 이 뜻을 대중들이 모를까 봐 친절하게 '죽기 전에 꼭 해야 할 일'이라는 부제를 달고 개봉되기도 했다.

나는 한 번도 버킷리스트를 작성하거나 생각해본 적이 없었다. '죽기 전에 꼭 해보고 싶은 일'이라는 타이틀이 거창하고 부담스럽게 느껴졌다. 또한 '죽음'이라는 단어가 내 삶과는 많이 동떨어져 보였다. 무엇보다 나의 욕망을 드러내고, 마주하기가 두려웠기에 버킷리스트 작성을 시도하지 않았다. 그렇게 세상이 시키는 대로 꾸역꾸역 하루를 살아왔다. 그러다가 내가 진짜로 하고 싶은 일이 무엇인지에 대해 써보고 싶다는 생각이 들었다.

나의 버킷리스트를 처음부터 써보니 나의 욕망에 관한 이야기가 많았다. "욕망은 사람을 움직이게 하는 에너지다"라는 말이 있다. 나는 그 말에 전적으로 동의한다. 바라는 마음이 있으면 창조가 생기게 되고, 그 창조에 의식이 가게 되며, 그것을 이루기 위한 정성과 노력이 동반되고, 그렇게 되면 온 우주가 도와준다는 이야기도 있지 않은가.

나의 첫 번째 버킷리스트는 책 쓰기다. 이번에 나는 10년간 좌충우돌하면서 자그만 규모의 한의원을 대규모 한의원으로 키운 이야기를 쓰고 있다. 나의 지식과 깨달음을 오롯이 책에 담았다. 책을 쓰기 전에는 과연 내 이 이야기가 다른 사람에게 얼마나 도움을 줄 수 있을까 생각했다. 하지만 나의 작은 경험과 노하우가 다른 사람들에게 일말의 도움이 된다면 책을 펴내는 게 나쁜 선택이 아니라는 생각이 들었다. 성공이라고 말하기에는 거창하다. 아직 나는 배워야 할 것이 많은 사람이다. 지금도 나보다 훨씬 더 성공한 사람들이 많다. 하지만 내가 시행착오를 겪어왔던 이야기가 누군가에게는 도움이 될 수 있으리라는 생각이 들었다.

이번에 책을 펴내고 난 후에도 꾸준히 책을 쓰면서 평생 성장하는 작가가 되고 싶다. 또한, 책을 통해 나를 알리고 성공자로서의 인생을 살고 싶다. 특히, 내가 관심을 많이 갖는 분야는 경영 분야, 심리 분야, 부동산 분야 쪽이다. 앞으로는 이들 분야를 다룬 책도 펴내고 싶다.

요즘 불경기가 닥치면서 유독 힘들다고 이야기하는 사람들이 많다. 그에 대한 반작용으로 경제적 자유를 꿈꾸는 사람들도 많다. 이런 사람들에게 도움이 될 수 있도록 사업을 빠르게 확장하는 방법, 의식 성장에 관한 이야기, 투자 이야기도 써보고 싶다. 또한, 여태껏 방문하려고 해도 일반인들에게는 그 문턱이 높은 한의원을 쉽게 이용할 수 있도록 도움을 주는 소개서도 한번 써보고 싶다.

매년 꾸준히 책을 쓴다면 다양한 주제의 내용을 다룰 수 있을 것 같다. 책을 꾸준히 쓰기 위해서는 무엇보다도 독자가 아닌, 작가의 눈을 장착해야 한다. 모든 일이 글감이 된다고 생각하니 매일 겪는 일들이 스트레스나 힘든 일로 받아들여지지 않는다. '이런 내용으로도 글을 쓸 수 있겠네!'라고 생각하게 되는 경험을 한다. 이러한 나의 일상의 생각을 글감 삼아 내가 하고 싶었던 이야기들을 사람들에게 알리는 책을 펴내고 싶다.

보통 병원이나 한의원을 경영하는 원장님들이 책을 쓰는 경우는 흔치 않다. 그만큼 업무가 바쁘고, 진료에만 시간을 쏟아도 모자라기 때문이다. 하지만 그래서 '책을 쓰는 한의사'라는 타이틀이 더 매력적이라고 생각한다. 박경철 씨도 시골 의사의 주식 투자 이야기를 책으로 펴내 일약 스타덤에 오르지 않았나. 이국종 씨도 《골든아워》라는 책을 통해서 국내 최고의 외과 의사라는 퍼스널 브랜딩을 확고히 다지지 않았나. 또한, 베스트셀러이자 삼성경영연구소가 휴가 때 꼭 읽어야 할 필독서 중 하나로 꼽는 《육일약국 갑시다》도 약사이자 엠베스트 CEO인 김성오 대표의 이야기를 담고 있지 않은가.

이 세상에는 평생 책을 한 권도 못 쓰는 사람이 대부분이지만, 평생 한 권만 내는 사람은 거의 없다. 책을 출간해본 사람들은 책이라는 것이 얼마나 퍼스널 브랜딩에 도움이 되는지 잘 안다. 경제적 자유를 이루는 얼마나 빠른 지름길인지 잘 안다.

《육일약국 갑시다》도 매년 인세가 1억 원 이상이 된다고 한다. 김성오 대표는 그것을 모두 어려운 환경의 아이들을 돕는 데 쓴다고 한다. 한편, 그 책이 나오고 나서 엠베스트의 매출에도 분명히 많은 영향을 끼쳤을 것이다. 인세는 그중에서도 아주 작은 부분이라고 생각한다.

이 책이 경영을 힘들어하는 이들이나 한의사가 되고 싶어 하는 이들에게도 희망의 빛이 될 수도 있을 것이다. 30년 전 꼬꼬마 아이일 때 '도서출판 대성'에서 만든 책들을 보며 뿌듯해한 경험이 있다. 30년 후의 내가 이제 진짜 내 책을 만들어보려고 한다.

내 책이 사람들에게 읽히고, 사람들에게 좋은 영향력을 끼친다는 것 자체만으로도 너무 기분 좋은 일이다. 태어나서 죽을 때까지 너무나도 빠르게 지나가는 것이 인생이다. 내가 남긴 책이 국회도서관에서 1,000년간 보관되고, 작가로서의 내 이름이 네이버에서 검색되는 것도 너무 기쁜 일이다. 부모님과 가족에게도 내 책을 선물하는 것보다 더 큰 선물은 없을 것이다. 책을 쓰는 건 인생에서 가장 보람된 일 중 하나라고 할 수 있겠다.

책을 통해 내가 운영하는 한의원도 알리고 싶다. 나의 본업인 한의원을 확장하고, 성장시키며 나아가 언젠가는 한방병원을 운영하는 데도 도움이 되리라고 확신한다. 나의 책을 보고 많은 한의사 후배들이 영감을 얻고 동기부여를 받으며, 한의계 전체가 잘되는 계기가 된다면 그보다 더한 뿌듯함은 없겠다. 내 책을 통해 한의원이라는 곳이 막연하고 어렵기만 한 사람들에게 쉽고 편하게 다가오는 계기가 되어주었으면 좋겠다. 세상에서 최고의 부자는 최고의 'Giver'라고 한다. 나의 지식과 경험을 내 도움이 필요한 사람들에게 돌려주는 방법은 무수히 많을 것이다. 나는 나의 경험과 깨달음을 많은 사람과 공유하며 이 세상에 선한 영향력을 끼치는 멋진 작가가 되고 싶다.

나의 두 번째 버킷리스트는 친구와 함께 인도 종단 여행을 하는 것이다. 17년 전 겨울, 이맘때 나는 당시 친구와 함께 인도 배낭여행을 한 적이 있다. 어리바리한 대학생이었던 우리 둘 다 처음으로 갔던 해외 배낭여행이었다. 지금 생각하면 무슨 배짱으로 그렇게 덜컥 비행기표부터 예매할 수 있었나 싶다.

'스물셋, 너는 충분히 아름답다'라는 타이틀로 시작한 우리의 여행은 처음 도착한 뭄바이 공항에서 시작되었다. 공항에서 내리자마자 인도 사람들이 바글바글한 와중에 무거운 배낭을 짊어진 청년 2명이 있었다. 인도 사람들은 사기를 잘 친다는 이야기를 듣고 감히 공항 밖으로 나갈 생각도 하지 못하고 공항에서 침낭을 깔고 잠을 청했다. 다음 날 새벽, 동이 터서야 비로소 공항 밖으로 나와서 삼륜택시인 오토릭샤를 잡았다. 그렇게 시작한 우리의 여행은 인도의 서쪽 끝인 뭄바이에서 동쪽 끝인 콜카타까지 횡단하는 두 달 동안의 긴 여정으로 이어졌다.

인도 여행을 갔을 때 하루도 빠짐없이 일기를 썼는데, 당시 일기를 읽어보면 지금도 어제 일같이 생생하다. 언젠가는 아이들에게 아빠의 일기를 처음부터 하나하나 읽어주면서 여행 이야기를 들려주고 싶다. '인도는 한 번도 오지 않은 사람은 많지만, 한 번만 온 사람은 없다'는 말이 있다. 여행을 마치면서, 친구와 함께 조만간 다음 여행 때는 인도의 가장 북쪽 끝인 스리나가르에서 가장 남쪽 끝인 첸나이까지 종단해보자고 약속했다. 그랬던 것이, 각자 한의원을 하면서 먹고산다고 바쁜 하루를 보내다 보니 어느새 17년이라는 세월이 지났다. 우리는 그때 분명 10년 이내에는 다시 인도 여행을 갈 수 있으리라고 생각했다. 언젠가는 모든 것을 내려놓고, 친구와 했던 그때의 약속을 지키고 싶다. 홀쩍 인도 종단이라는 꿈을 이뤄보고 싶다. 친구와 함께 언젠가 40대가 되었을 때 우리 둘 중에 더 성공한 사람이 여행 경비를 부담해서 가족 여행을 함께 가자는 이야기도 한 적이 있다. 그 약속도 지키고 싶다.

또 다른 버킷리스트는 언젠가 내 건물에서 진료하는 것이다. 엘리베이터 두 대가 있는 큰 건물에서 멋진 한방병원을 운영하는 것이 내 꿈이다. 그리고 성공한 한의사로서 수많은 사람 앞에 강연자로서 서는 것 또한 나의 꿈이다. 많은 사람에게 선한 영향력을 끼친다는 것은, 너무나도 보람된 일이 아닐 수 없다. 그리고 성공자로서 내 이름으로 된 도서관을 짓고 싶다. 내가 어렸을 때 책을 보면서 꿈을 키우고 성장했듯이 많은 아이들이 책을 읽고 꿈을 가졌으면 좋겠다는 것이 나의 바람이다.

성공하면 꼭 해보고 싶은 버킷리스트를 적어보니 나의 꿈에 대해서 더 객관적으로 보게 되고, 그 꿈들을 이뤄보고 싶다고 생각하게 된다. 바라고 꿈꾸면 반드시 이루게 된다는 확언을 믿는다. 언젠가는 나의 버킷리스트를 꼭 이루고 싶다.

나는 오늘도
한의원으로 출근한다

 사람은 누구나 성공한 인생을 살고 싶어 한다. 하지만 세상에는 극소수의 사람들만이 성공한 인생을 살 뿐, 대다수는 성공과 거리가 먼 인생을 살아간다. 처음 한의원을 개원했을 때 항상 나는 불안했다. 하루라도 빨리 개원하고 싶었던 것도 빠르게 성공하고 싶었던 마음 때문이다. 성공하지 못하면 남에게 뒤처진다고 생각했다. 생각해보면 내가 한의원을 하면서 겪었던 10년의 세월은 참으로 감사한 시간이다. 이 시간이 있었기 때문에 집을 살 수도 있었고, 차를 살 수도 있었다. 가진 것이라고는 6,000만 원의 빚밖에 없었던 부원장이 이제는 4명의 한의사와 25명의 직원이 함께하는 한의원을 운영하게 되었다.

 나 혼자서만 잘나서는 결코 잘될 수 없다. 나 혼자서 할 수 있는 일이면 충분히 혼자서 해내야 한다. 직원들이 있기에 우리 한의원이 존재한다. 그들 덕분에 나는 나의 시간을 활용할 수 있다. 한의원은 나에게 있어서 성장과 기대의 공간이다. 또한, 진료와 경영을 통해 나를 더 성장시키는 공간이다. 아침에 출근하면서도 오늘은 무슨 일이 있을까 기대하는 마음으로 출근한다.

나를 힘들게 하는 환자들도 있다. 직원들 문제 때문에 골머리를 앓을 때도 있다. 하지만 이 또한 내가 성장할 수 있는 기회라고 받아들이면 하나라도 감사하지 않을 일이 없다. 목구멍이 포도청이라고 먹고살기 위해 어쩔 수 없이 출근하는 삶은 지옥 같은 삶이다. 출근해서 퇴근 시간만을 기다리며 가지 않는 시계를 보면서 하루 종일 기다리고, 주말 이틀을 쉬기 위해서 평일 5일을 불행하게 보낸다. 이 얼마나 안타까운 일인가?

시간은 자꾸 흘러간다. 나도 부모님을 볼 때마다 느낀다. 부모님이 예전 이야기를 하실 때면 '그때 부모님이 지금의 내 나이 때겠구나' 하는 생각이 든다. 부모님은 나이가 들면 들수록 시간이 빨리 흐른다고 늘 이야기하신다. 나 또한 느낀다. 어렸을 때 일기장을 보면 매일 하루가 새로운 일의 연속이었다. 하루라도 겹치는 내용의 일기가 없었다. 하지만 나이가 들수록 매일 비슷한 환경에서 똑같은 일을 하면서 살아간다. 모든 게 익숙해지고 평범한 일이 되어버린다. 그만큼 삶에서 재미가 사라진다. 일기를 쓸만한 소재가 사라지는 것이다.

그래서 시간이라는 자원을 어떻게 후회 없이 잘 쓸 것인지가 항상 나의 화두다. 신은 공평하다. 모든 사람에게 시간은 똑같이 주어진다. 하루는 86,400초다. 어떤 통장에 매일 아침에 86,400원이 입금된다고 가정해보자. 누군가는 알뜰히 그 돈을 모으고 저축하는 사람도 있을 것이고, 누군가는 흥청망청 써버리고 땡전 한 푼도 남기지 않는 사람도 있을 것이다. 우리에게 시간이 그렇다. 이 시간을 어떻게 활용하는지에 따라서 성공자가 되거나 실패자가 될 수도 있다.

어떻게 하면 주어진 시간을 잘 활용할 수 있을까? 바쁜 하루 와중에서도 시간을 쪼개어 쓰면 생각보다 쓸 수 있는 시간이 많다. 예를 들어 출퇴근하는 시간이나 점심에 잠깐 짬 나는 시간 등이다. 내가 좋아하는 분야에 대해서 틈날 때마다 유튜브 강의를 듣거나, 책을 보면서 시간을 보낸다. 한의원에 출근하는 시간 동안은 메모를 보면서 오늘 진료할 환자에 대해서 생각한다. 어제 부족했던 점은 무엇이고, 오늘은 어떻게 치료할 것인지 생각한다. 오늘은 어떤 환자가 올까 하고 생각해보기도 한다. 그렇게 미리 하루를 시뮬레이션해본다. 신기하게도 오랫동안 오지 않았던 환자를 생각하면 그 환자가 그날 한의원에 오기도 한다.

우리의 뇌는 진짜와 가상을 구분하지 못한다고 한다. 야구에서 훌륭한 타자는 실제로 연습하는 것 못지않게 가상으로 공이 날아오는 장면을 머릿속으로 수백 번 떠올린다고 한다. 그렇게 연습을 계속하다 보면 실제로 날아오는 공 또한 잘 맞추게 된다. 1만 시간의 법칙처럼, 매일 아침 짧은 시간을 활용해 시뮬레이션하게 되면, 앞으로도 더 좋은 진료를 할 수 있을 거라고 확신한다.

내가 진료하고 있는 분야에 대해서 나는 자부심을 느낀다. 부산에서 도침 시술을 하는 한의원은 많지 않다. 도침 치료는 일반 침에 비해서 자극도 크며 시술의 난이도 또한 높기에, 충분한 해부학적 이해가 선행되어야 한다. 잘못하면 조직의 손상이 올 수도 있기 때문이다. 사실 도침(刀針)을 배우게 된 계기는 단순했다. 5년 전쯤이었을까. 내가 치료하는 환자 중에 아무리 치료해도 낫지 않는 어르신이 있었다. 협착증이 심한 할아버지였는데 어느 날, 도침을 하는 한의원에 가서 치료받았더니 너무 좋다고 이야기하셨다. 당시 도침은 나에게 생소한 분야였다. 나는 그날부터 도침에 관해 공부했고, 도침 강의를 수강하기 위해 서울로 갔다. 그렇게 1년을 서울을 왔다 갔다 하며 공부한 결과, 내가 원하던 대한침도의학회의 정회원 자격증을 받을 수 있었다. 이후에도 나는 꾸준히 도침에 관해 공부하고 연구했다. 지금은 우리 한의원에서 가장 많은 치료 후기도 도침 치료 후기다. 도침 치료 후에 좋아졌다는 환자들의 이야기를 들을 때면 내 치료에 대해 자부심을 느낀다. 또한 한의사로서 뿌듯한 마음을 느끼곤 한다.

아이들이 아플 때 아빠로서 치료해줄 수 있을 때도 보람을 느낀다. 아이가 아플 때 부모로서 아무것도 해줄 수 없을 때가 가장 가슴이 아플 것이다. 얼마 전 첫째가 보드를 타다가 발목을 삐어서 걷지 못했는데, 다행히 응급조치로 침을 맞고 나서 바로 걸을 수 있게 됐다. 정형외과에 가 보니, 다친 데 비해서 너무 빨리 좋아졌다고 반깁스를 안 해도 되겠다고 이야기했다. 아이들이 배가 아프거나 체기가 있을 때도 내가 전담하기는 마찬가지다. 아이들에게 "아빠가 자랑스러워요", "내가 아파도 아빠가 있으니깐 걱정이 없어요"라는 이야기를 들을 때 내 일에 대해서 가장 자부심과 보람을 느끼게 되는 것 같다.

항상 밤늦게 야간진료를 하느라, 한의원에서 대부분 시간을 보내느라, 함께 놀아주면서 보내는 시간이 부족한 아빠라 아이들에게 미안한 마음이 크다. 하지만 아이들에게 멋지고 존경할 만한 아빠로서 인정받고 산다는 것이 얼마나 기분 좋은 일인지 모른다.

좋아하는 일과 공부를 할 수 있게 해주는 것도 한의원이 있기 때문이다. 근로소득은 항상 투자소득보다 힘이 세다. 꾸준하게 들어오는 습성이 있기 때문이다. 《돈의 속성》에서 김승호 회장은 말한다. 꾸준히 들어오는 300만 원이 가끔 들어오는 500만 원보다 힘이 세다고 말이다. 나도 지금까지 한의원이 있었기 때문에 내가 원하는 집도 사고, 차도 사고, 아이도 키우면서 살 수 있었다. 이번에 새로 이사한 집에서 아이들이 너무 좋다고 감탄했다. 비싼 비용을 들여 인테리어를 하고 들어왔는데, 공간이 주는 힘이 대단하다고 생각했다. 좋은 집에 사니 기분까지도 업그레이드됐다. 좋은 집에 살면서 감사한 마음이 들었다. 이렇게 내가 멋진 집에 살 수 있는 것도 나를 믿고 찾아온 환자들 덕분이다. 각자 잘하는 분야에서 최선을 다하는 사람들 덕분에 이 세상은 돌아간다. 인테리어 공사를 해주신 사장님 덕분에, 좋은 집을 소개해준 사장님 덕분에, 이사를 도와준 이삿짐센터 직원들 덕분에 내가 이 집에 살 수 있다. 내가 이 세상에서 맡은 분야에서 최선을 다하는 것이, 나를 믿고 찾아온 환자들에 대한 보답이자 이 세상에 도움이 되는 삶을 사는 길일 것이다.

앞으로 나의 꿈은 지금까지 그래왔듯, 한의원을 계속 더 발전시키는 것이다. 예전만큼 환경이 녹록지는 않다. 갈수록 경쟁이 치열해지고, 365일 진료 한의원도 늘어나고 있으며, 시설이 좋은 한방병원들도 늘어나는 추세다. 경쟁이 적었던 예전에는 조금만 노력해도 쉽게 성공할 수 있었지만 지금은 그렇지 않다. 피 터지는 경쟁 속에서 살아남는 한의원만 성공할 수 있다. 하지만 나는 지금까지 여러 위기를 잘 이겨내왔듯이 앞으로도 모든 일들을 잘해나갈 수 있으리라고 생각한다.

한의원이 발전되려면 나의 의식 수준도 높아지고, 나의 경영 능력은 더 좋아져야 할 것이다. 책을 읽고 쓰면서, 생각을 갈무리하고 표현하는 방법에 대해서 많이 체감하게 된다. 인생은 짧다. 후회 없이 인생을 보내기 위해서는 단 하루라도 헛되이 살아선 안 될 것이다.

아침마다 나는 메모를 보면서 오늘은 어떤 일을 할지 구상한다. 또한 매주 월요일마다 전체 직원회의를 통해 직원들의 의견을 피드백하고 반영하기도 한다. 늦게까지 하루를 마무리하며, 어떻게 하면 더 나은 한의원이 될 수 있을까를 고민한다.

대부분 한의대를 졸업하면 개원을 택하게 되는 경우가 많다. 준비되지 않은 채로 개원했다가 개원의 쓴맛을 본 친구들도 있다. 무엇이 정답은 아니다. 하지만 나는 절실했고, 빨리 개원했다. 밑바닥부터 깨지고 부딪혀가며 온몸으로 배웠다. 개원 10년 차가 되는 올해 가만히 예전 날들을 반추해보면, 그래도 '참 많은 일들을 내가 겪어 왔구나' 하는 생각이 든다. 단지 먹고살기 위해서 일했다고 치부해버리기에는 참 많은 일들이 있었던 것 같다. 지금도 10년 전 부원장을 박차고 나와 개원했던 결정은 후회하지 않는다.

한의사로서의 정체성은 언제나 나의 모든 정체성의 근간(根幹)이 된다. 내 본업을 하면서 꾸준히 여러 분야에 관심을 넓히면서 공부하고, 앞으로도 다른 사람에게 선한 영향력을 미치는 멋진 인생을 살아가는 것이 내 목표다. 오늘도 나는 기대와 희망을 품고 한의원에 출근한다.

부자의 생각,
빈자의 생각

부자란 어떤 사람일까? 우리가 마음속에 가지고 있는 부자의 형상에 따라 내가 부자가 될 확률을 알 수 있다는 글을 본 적이 있다. 누구나 부자가 되기를 원하고 성공을 꿈꾼다. 하지만 그러면서도 부자를 욕하고, 시기하고, 질투하는 사람이 많다. 부자가 되기를 꿈꾸면서도 부자를 욕하는 사람은 절대 부자가 될 수 없다. 돈은 사람과 같아서, 자신을 좋아하는 사람에게 간다. 자신을 간절히 꿈꾸고 욕망하는 사람에게 가지, 자신을 싫어하는 사람에게 가지 않는다.

어렸을 때 외벌이 공무원 가정에서 자란 나는 항상 정해진 월급에서 지출하시는 부모님 밑에서 자랐다. 그래서 항상 아껴 쓰는 것이 미덕이라고 생각했다. 무조건 싼 것을 사고 절약하는 것이 중요하다고 생각했다. 그런데 한의원을 하다 보니 그렇지 않았다. 내가 베푼 만큼 돌아왔다.

내가 부원장을 할 때였다. 나는 주식으로 인해 빚이 6,000만 원이 있었다. 당시 내가 부원장으로 있던 한의원에서 직원 단합 체육대회가 열렸는데, 체육대회 종목들로는 닭싸움과 줄다리기, 팔씨름 등 여러 가지가 있었다. 청팀과 백팀으로 나누어 경기했는데 각 종목에서 1등을 한 사람과 더불어, 이긴 팀에게도 후한 부상이 주어졌다. 1등에게는 프라이팬 세트, 2등에게는 휴지 세트 등이었다. 우리 팀이 승리해서 상을 받았는데도 그때 당시 나는 이 모든 것이 무슨 소용이 있을까 생각했다. '이걸 보탠다고 내 빚을 갚는 데 얼마나 도움이 될까?' 하고 생각했다. 나는 돈 그릇이 작았던 셈이다. 돈은 물과 같아서 그릇이 작은 사람에게는 흘러넘쳐버리게 마련이다. 그래서 주식 투자를 하더라도 족족 손실을 볼 수밖에 없었던 것이다. 그때는 경조사로 쓰는 돈조차 아까워했다. 동기 형의 청첩장을 받고도 일부러 모른 척하기도 했다. 사람들은 그런 내 곁을 떠났다. 베풀지 않는 사람 곁에는 사람들이 모이지 않는 법이다.

그런데 한의원을 하다 보니, 생각이 많이 바뀌게 되었다. 한의원을 운영하다 보니 사람들에게 베푸는 만큼 항상 그 몇 배로 돌아왔다. 돈이 없어서 한약을 짓기 힘드신 분들은 그냥 지어서 드리기도 했다. 복지관 기부 활동을 하면서 매달 3제 이상 꾸준히 한약을 기부하기도 했다. 그러다 보니 복지관에서 찾아와서 좋은 일 해주셔서 고맙다고 치료를 받거나 약을 지어 가는 환자들도 있었다. 항상 무언가 내가 손해 본다는 느낌이 들면, 더 좋은 결과로 이어졌다.

한 이야기가 생각난다. 어떤 식당에서 일하던 아르바이트 직원이 식당 주인이 마음에 들지 않았다. 그는 앙심을 품고 가게를 망하게 하려고 손님에게 일부러 반찬과 밥을 엄청나게 퍼주었다. 그랬더니 갑자기 손님이 몰려들어 가게가 대박 나고 문전성시를 이뤘다는 이야기다. 손님은 귀신같이 안다. 그래서 '퍼 주는 가게는 망하지 않는다'라는 말이 생겼는지도 모른다.

내 것만 챙기는 사람은 작은 부자가 되지만, 남을 이롭게 해주는 사람은 큰 부자가 된다. 스티브 잡스(Steve Jobs)의 예를 들어보자. 그는 전화기와 컴퓨터를 결합한 아이폰이라는 제품을 만들어냈다. 그럼으로써 사람들을 이롭고 편리하게 했다. 나아가 지금의 스마트폰 시대를 열고 큰 부자가 되었다. 제프 베조스(Jeff Bezos)는 또 어떤가. 그는 아마존의 물류 배송 시스템으로 드넓은 미국 땅에서 일주일 이상 걸리는 배송을 이틀 내에 해내면서 큰 부자가 되었다.

부자들은 인연을 소중히 한다. 자기 혼자서는 모든 일을 이룰 수 없다는 것을 안다. 그래서 평소에도 꾸준히 인맥 관리를 한다. 돈도 사람이 만든 것이다. 사람이 있어야 돈도 들어온다. 한의원을 하다 보니 한명, 한 명의 인연이 얼마나 소중한지 깨닫게 된다. 소셜 네트워크에서 말하기를 여섯 번의 다리만 거치면 우리 지구의 모든 사람이 연결된다고 하지 않는가. 앞서도 말했듯이 한의원에 찾아오는 한 환자도, 절대 한 명으로 보아서는 안 된다. 그 뒤에는 100명이 넘는 환자들이 있다고 생각해야 한다.

세상에는 정말 전문가들이 많다. 거대한 공장의 톱니바퀴처럼 각자의 사회적 역할을 담당하며 이 세상을 돌아가게 한다. 내가 한의대를 가게 된 것이 필연이든 우연이든 나 또한 한의원 원장으로서 이 사회의 한 톱니바퀴를 담당하고 있다. 우리는 이미 2002년 한일 월드컵에서 하나 된 사람들의 힘이 얼마나 거대한 것인지를 깨달았다. 주변 사람들은 각자 이 사회에서 직분을 맡고 살아간다. 그들의 힘을 합친다면 이 세상에 못 할 일은 없다.

유명한 역사학자인 유발 하라리(Yuval Noah Harari)도 《사피엔스》라는 책에서 말한다. 호모사피엔스 사피엔스인 인간이 다른 종들을 누르고 이 세계의 지배자가 될 수 있었던 것도, 협력하는 동물이기 때문이었다고. 평소에 인맥 관리를 안 하다가 갑자기 연락해서 도와달라고 하는 사람은 꼴 보기 싫은 법이다. 소중한 사람이면 평소에 안부를 전하고 문자도 보내며, 연락해야 한다. 여기서 포인트는 꾸준히 연락을 취하는 것이다. 그래야 내가 필요할 때 그 사람의 도움을 받을 수 있다.

부자는 적은 돈도 허투루 쓰지 않는다. 하지만 써야 할 때는 과감히 쓴다. 《돈의 속성》을 쓴 김승호 회장은 말한다. 돈도 자신을 아껴주는 사람에게 더 모이게 된다고 말이다. 그리고 돈을 써야 할 때 쓰지 않는

244

나는 한의원에서
인생의 모든 것을 배웠다

사람에게는 더 많은 부를 주지 않는다고 한다. 빈자는 꼭 필요할 때는 돈을 쓰지 않는다. 그리고 필요하지 않은 일에 돈을 쓴다. 그래서 돈은 계속 더 부자에게 가게 된다. 부자는 더 부자가 되고 빈자는 더 가난해지는 이치다.

부자는 미래를 본다. 빈자는 과거에 집착한다. '이카루스의 역설'은 세계적인 전략경영학자인 캐나다의 대니 밀러(Danny Miller) 교수가 제시한 이론이다. 기업이 성공 요인에 안주하다가 그것이 실패 요인으로 반전되는 상황을 일컫는 말이다. 성공한 자는 성공했다는 자만심에 빠져 과거의 성공한 방식을 고집한다. 그러다가 환경 변화에 적응하지 못하고 결국 역량 함정에 빠짐으로써 실패하게 된다. 과거 휴대전화 시장을 석권했던 노키아나, 카메라 필름 시장을 독점했던 코닥의 경우가 그렇다. 사실 스마트폰이나 터치스크린도 애플이 발명하기 전에 노키아에서 먼저 같은 기술을 내장한 제품을 출시했었다. 하지만 거대한 관료조직 안에서 쉽사리 혁신하지 못했고, 결과는 우리가 지금 보는 그대로다. 과거는 과거일 뿐 미래가 아니다. 과거에 실패했다고 한탄하거나 원망한다면 미래는 결코 변화할 수 없다. 성공하기 위해서는 과거를 바탕으로 미래를 예측하는 것이 중요하다.

과거에 개원만 하면 한의원이 전국 어디서든 잘되었을 때가 있었다. 하지만 지금은 그렇지 않다. 잘되는 곳은 잘되지만, 이전과 비교해 폐업하는 곳도 늘어났다. 사람들이 한의원을 찾는 이유와 트렌드도 변화했다. 또한, 전국에 아픈 사람들은 많지만, 몰라서 한의원을 찾지 못하는 사람도 있다. 침이 무서워서 찾지 못하는 사람도 있다. 한의원은 단지 삔 발목이나 아픈 허리를 치료받는 곳이라 생각하는 사람들도 있다. 이런 사람들에게 한의원은 다양한 치료를 해주는 곳이라는 것을 최대한 알리는 것, 그것이 잠재 수요를 끌어낼 수 있는 길이라고 생각한다. 또한, 지금의 트렌드에 맞추어 청결하고 좋은 시설에서, 효과 좋은 치료를 해나가는 것이 중요하다고 하겠다.

우리나라의 인구는 5,100만 명을 정점으로 작년부터는 감소하고 있으며, 올해 신혼부부의 합계 출산율은 한 가정당 불과 0.75명에 불과하다고 한다. 2002년 월드컵 때 평균나이 34세였던 우리나라 인구의 평균 나이는 지금은 43.9세가 되었다. 어찌 보면 나와 같은 2차 베이비붐 세대를 마지막으로 인구는 빠르게 감소하고 있다고 하겠다.

반면 노령 인구는 폭발적으로 늘고 있다. 나이가 들고 늙어가게 되면 자연스럽게 온몸에 아픈 곳이 생긴다. 병원을 거들떠보지도 않던 사람들이 심한 병에 걸려서 비로소 병원을 찾게 되는 경우를 나는 많이 보았다. 문제는 그때 치료하려면 이미 늦었다는 것이다. 한의학에서 병이 생기기 전에 미리 병을 알고 치료한다는 '치미병(治未病)'이 그래서 중요하다고 하겠다. 예방의학적인 측면에서 한의학은 특히 더 강점이 있다고 생각한다. 앞으로는 한의학의 트렌드도 여기에 맞춰 나아가야 한다고 생각한다. 앞으로는 비대면 시대가 될 것이다. 거기에 맞춘 상담과 치료도 중요한 부분이겠다.

부자들은 모든 것을 내 탓이라 하고, 빈자는 모든 것을 남 탓이라고 한다. 남 탓을 하고 나면 마음은 시원할지 모르겠지만 결코 현실을 바꿀 수는 없다. 모든 것은 내가 결정한 것을 인정하는 데서 시작된다. 그래야 비로소 우주는 변화한다.

《네이비씰 승리의 기술》이라는 책에 나오는 일화가 있다. 이라크나 아프가니스탄 등에서 극한의 위험에 노출된 미국 최강의 특수부대 네이비씰 대원들이 살아남는 힘은 단합이다. 그러기 위해 가장 중요한 것은 지휘관의 책임감이다. 부대원들의 잘못도 모두 내 탓이라는 걸 인정하고 책임지는 데서 단합은 시작된다. 그럴 때 비로소 부대원들의 마음이 열리고 한마음으로 단합하게 된다. 잘되었든 못되었든 간에 모든 것을 내 책임으로 돌리고, 내 탓으로 돌려야 한다. 자신의 책임을 인정하는 데서 변화는 시작된다. 빈자들은 모든 것을 나라 탓, 회사 탓, 부자 탓을 하면서 시간을 허비한다. 그렇게 남들을 탓하는 소비적인 마음은 누구에게도 도움을 줄 수 없다.

나도 아직 부자가 아니다. 하지만 10년간 한의원을 운영하면서 예전과 다르게 생각이 넓어지고 사고가 변화하고 있다. 한의원 또한 계속해서 변화하고 있음을 느낀다. 처음에 2명의 직원으로 시작했을 때를 생각하면 참으로 주먹구구식이었다는 생각이 든다. 부끄러울 정도로 경영에 대한 지식이 부족했다. 학교에서는 결코 한의원 경영에 대해 가르쳐주지 않는다. 학교 공부만 하다가 개원한 선후배들이 임상이란 현실에 부닥치면서 힘들어하는 것을 참 많이 본다. 경영이라는 부분은 임상과 별개다. 훌륭한 경영을 하기 위해서는 이론과 지식뿐만 아니라 경험이 쌓여야 한다고 생각한다.

한의원이라는 공간을 벗어나 책을 통해 나는 경영을 배웠다. 그리고 잘되는 한의원을 찾아가서 실무적인 조언을 얻었다. 그리고 나의 부정적 생각부터 바꾸려고 노력했다. 그렇게 노력한 결과 처음과 비교해서 계속 더 좋아지고, 나아지는 한의원이 되고 있다고 생각한다.

생각이 바뀌면 말이 바뀌고, 말이 바뀌면 행동이 바뀐다. 행동이 바뀌면 결과가 바뀌고, 결과가 바뀌면 인생이 바뀐다. 앞으로도 나는 더 나아지는 한의원을 만들기 위해 배우고, 행동하며, 나의 일을 즐거운 마음으로 해나갈 것이다.

나는 한의원에서
인생의 모든 것을 배웠다

진료하면서 문득 생각이 들었다. 내가 여기서 보내온 10년의 세월이 어떤 것인지. 한의사로서의 삶을 살아가면서 한번 나의 삶을 정리해보고 싶은 마음이 들었다. 그렇게 책 쓰기를 시작했다. 이 책을 쓰면서 나의 인생을 돌아보는 기회가 되었던 것 같다.

사람은 누구나 편하게 쉬고 싶어 한다. 앉으면 쉬고 싶고, 누우면 자고 싶은 것이 사람의 본능이다. 하지만 이러한 본능을 거슬러 목표를 정하고 그 목표를 이루기 위해 노력하는 사람이 결국에 성공한다.

10년 전으로 되돌아가서 만약 그때 나에게 "개원을 선택할 것인가?"라고 묻는다면 지금도 단연코 개원을 선택할 것이라고 생각한다. 절실한 마음이 있었기 때문에 나는 개원을 택하게 되었다. 나를 바라보는 가족이 내 행동의 원천이자 이유였다. 당시 내가 가진 것이라고는 빚밖에 없었다. 그런 나를 전심(全心)으로 믿어준 것이 가족이다. 지금도 한의원에서 환자들을 돌보고, 지친 마음으로 퇴근했을 때도 가족이 있기에 재충전해서 진료를 할 수 있다.

한의원 원장으로서 작은 나의 성공을 자랑하고자 이 책을 쓴 것이 아니다. 바닥부터 부딪혀보면서 경험해왔던 나의 이야기를 통해 무언가 시작을 준비하는 누군가가 조금이나마 시행착오를 줄이고 도움이 될 수 있다면 좋겠다는 마음으로 이 책을 썼다.

원래부터 책을 읽는 것을 좋아하는 나였지만 책을 쓰는 것은 생각하지 못했던 일이다. 하지만 몇 달간의 시간 동안 책 쓰기에 몰입했다. 열정과 몰입의 결과가 이 책 한 권에 담겼다. 그동안의 힘든 마음이 눈 녹듯 사라졌다. 책을 쓰면서 그 결과가 나왔다는 것도 중요하지만, 책을 쓰면서 얻은 가장 큰 성과는 과거의 나와 만나고, 미래의 나에 대해서 생각해볼 수 있었다는 것이다.

한편, 막상 책이 나왔지만 하루에도 수많은 책이 나오는 세상에서 과연 누가 내 책을 읽어줄지에 대한 걱정도 있다. 성공에 대한 이야기가 담긴 책인데, 과연 내가 그렇게 성공한 사람인가 하는 근원적인 질문도 있었다. 하지만 누군가에게 이 책이, 나의 이야기가 조금이나마 도움이 된다면, 그것만으로도 이 책은 제 역할을 다하는 것이라고 믿고 싶다.

책을 쓴 후, 1박 2일 동안 여행을 하며 그동안 아이들과 못다한 시간을 보냈다. 자연 속에서 아이들과 함께 놀아주면서 즐거운 시간이었다. 몰입 과정 후에 행복한 시간을 보내며 천국과도 같은 기쁨을 느꼈다.

처음 부산 동래의 '해맑은한의원'을 시작할 때 2년만 해봐야지 했던 마음이, 막상 환자가 쌓이고, 익숙함에 젖으면서 쉽게 옮기지 못했다. 양정의 '전대성 한의원'으로 옮긴 후에도 많은 시행착오와 위기를 겪었다. 그때마다 위기를 극복해내면서 한 단계씩 더 성장할 수 있었다. 혼자서 해나갔다면 아마 오래 버티지 못했을 것이다. 오랫동안 나와 함께 해준 직원들이 있었기에 지금의 나와 우리 한의원이 있다고 생각한다. 항상 직원들에게 감사한 마음이다.

"정성을 다하는 전대성 한의원"이라는 모토대로 앞으로도 나는 한의원에 최선을 다할 것이다. 우리 한의원을 찾아오는 환자들을 정성으로 돌볼 것이다. 고객들이 있기에 우리 한의원이 존재한다. 우리 한의원을 찾아주는 환자분들을 기억하고 이해하며, 환자의 더 나은 치료에 앞으로도 나의 모든 에너지를 쏟을 것이다.

코로나 기간 동안 힘들 때도 많았지만, 우리 한의원은 비약적으로 성장했다. 하지만 앞으로도 위기는 언제나 또 찾아올 것이다. 그러나 위기를 위기로 보고 움츠리면 안 된다. 위기를 기회로 보는 사람만이 성공할 수 있다. 지금이 단군 이래 가장 많은 성공자가 나오는 시기라고 하지 않는가? 누군가는 이 위기를 기회로 삼아 성공 신화를 쓰고 있다.

훌륭한 경영자는 이익을 내고, 직원의 급여를 충분히 주고, 자유를 보장하며, 사회에 기여하는 사람이다. 훌륭한 한의사로서뿐만 아니라 훌륭한 경영자로서의 삶을 살아가고 싶다. 눈 깜짝할 사이에 변해버리는 시대에서 빠르게 트렌드를 읽고, 그에 동참하며 시대의 변화를 주도할 수 있어야 한다. 인생이란 짧다면 짧다. 짧은 인생을 그저 스쳐지나가는 시간으로 흘려보내지 않아야 할 것이다.

원고를 탈고한 후 출간까지 기다리는 시간 동안 많은 피드백을 받았다. 많은 분의 응원 덕분에 무사히 집필을 마칠 수 있었다. 책의 출간을 앞두고 나를 응원해준 사랑하는 모든 분들에게 감사의 마음을 전한다. 또한 졸저를 일독해주신 독자분께도 진심 어린 감사를 전한다.

사람은 자신이 그린대로 삶을 살게 된다고 한다. 이 책을 읽는 독자분들 또한 빛나는 미래를 꿈꾸며, 멋진 인생을 보내고, 온전한 자유를 누리는 삶을 이루시기를 간절히 기도한다. 마지막으로 내가 존경하고 사랑하는 켈리 최 회장님의 《웰씽킹》의 한 구절로 에필로그를 마무리하려고 한다.

"He Can Do, She Can Do, Why Not Me?"

나는 한의원에서
인생의 모든 것을 배웠다

제1판 1쇄 2022년 11월 17일
제1판 2쇄 2023년 7월 10일

지은이 전대성
펴낸이 최경선　　　　　　**펴낸곳** 매경출판㈜
기획제작 ㈜두드림미디어
책임편집 우민정　　　　　　**디자인** 노경녀 nkn3383@naver.com
마케팅 김성현, 한동우, 구민지

매경출판㈜
등록 2003년 4월 24일(No. 2-3759)
주소 (04557) 서울특별시 중구 충무로 2(필동 1가) 매일경제 별관 2층 매경출판㈜
홈페이지 www.mkbook.co.kr
전화 02)333-3577
이메일 dodreamedia@naver.com(원고 투고 및 출판 관련 문의)
인쇄·제본 ㈜M-print 031)8071-0961
ISBN 979-11-6484-483-8(03320)

책 내용에 관한 궁금증은 표지 앞날개에 있는 저자의 이메일이나
저자의 각종 SNS 연락처로 문의해주시길 바랍니다.

책값은 뒤표지에 있습니다.
파본은 구입하신 서점에서 교환해드립니다.